DOMINANDOLEITURA DENOTAÇÃONOBAIXO

Aprenda a ler música de jeito certo

JOSEPHALEXANDER

FUNDAMENTALCHANGES

Dominando Leitura de Notação no Baixo

Aprenda a ler música de jeito certo

Publicado por **www.fundamental-changes.com**

ISBN: 978-1911267119

www.fundamental-changes.com

Também por Fundamental Changes

Foto da Capa: © Can Stock Photo Inc. / CapturedNuance

Conteúdo

Introdução

Por que praticar leitura de notação?

Agora que temos acesso instantâneo à tablaturas, vídeos do YouTube, softwares de diminuição de velocidade, aplicativos e midis, ainda vale a pena ler música fluentemente em nosso instrumento?

Veremos outras, mas a melhor é: *não há maneira melhor de aprender e compreender o seu instrumento.*

Como baixistas, estamos sempre rodeados de tablaturas. Não há problema nisso, mas pergunte a si mesmo: como outros instrumentos usam esse sistema? Quase todos os músicos com os quais você trabalhará terão de ler música de alguma forma. A questão é que se você chegar para um violinista e apontar qualquer lugar no instrumento, ele saberá instantaneamente para qual nota você está apontando. Violinos, violas de arco e violoncelos não têm trastes! Eles memorizaram o braço do instrumento e, por isso, compreendem profundamente como os seus instrumentos funcionam.

Isso significa que a maioria dos músicos profissionais conhecem seus instrumentos "de cabeça". Como baixistas, nos referimos às notas como "o 10º traste da 2ª corda". Se quisermos ser levados a sério, então devemos ser capazes de tocar simplesmente um "C".

Como vimos, outro bom motivo para conhecer nosso instrumento é *melhorar a comunicação com outros músicos.* Imagine que você está num ensaio de banda e está treinando uma nova parte. Você é o único baixista e te chamam para tocar uma sequência de notas como uma harmonia. O tecladista diz "Ok!". Toque "F, C, Bb, A e G". Se você não conhecer o braço do instrumento, terá de ser ensinado por ouvido lentamente nota por nota. Se você estiver em estúdio, é aí que o bicho pega.

É só um exemplo. Muitas vezes o caminho mais rápido para transmitir uma ideia musical é escrevê-la, especialmente em estúdio. Se você não entender a linguagem, terá que se virar e outra vez: o bicho pega.

Além disso, os baixistas se sentem muito culpados por raciocinarem através de formatos móveis, padrões e "shapes". Outros instrumentistas não pensam assim. Você pode estar pensando através da pentatônica menor, mas o saxofonista está pensando "Bb, Db, Eb, F e Ab". O fato de baixistas normalmente pensarem através de formas e padrões visuais *pode* ser excelente já que nos faz tocar de uma forma bastante original, mas se você alguma vez tentou tocar algo escrito para um instrumento diferente, então você já sabe que as notas muitas vezes se encaixam no "padrão".

Muitas vezes, descobri que outros instrumentistas têm uma visão mais profunda sobre música já que interagem de forma mais íntima com as notas. Eles sempre sabem que nota estão tocando e nunca veem uma nota apenas como parte de um padrão visual geométrico.

Eis um ponto menos óbvio: outros músicos frequentemente entendem ritmo, notação rítmica e fraseado de uma forma muito mais intrínseca e internalizada. Embora a tablatura de baixo seja algo fantástico para saber *onde* uma nota é tocada, ela deixa diversas vezes muito a desejar sobre *quando* deve ser tocada.

Outros músicos aprendem notação rítmica e altura por necessidade em suas primeiras aulas. Eles não têm diagramas e formatos úteis para visualizarem, mas apenas a altura da nota e o ritmo para tocarem.

A tablatura é muito útil para comunicar rapidamente uma ideia, mas é uma faca de dois gumes. Por causa da nossa dependência de tablaturas, os baixistas frequentemente ficam para trás em relação aos outros músicos em reconhecimento e execução de ritmo e fraseado.

Uma razão que pode pesar é *conseguir trabalhos*. A maioria das sessões de gravação envolverá pelo menos algum nível de capacidade de leitura musical. Se a gravadora está pagando um valor por dia de estúdio, é melhor você conseguir executar a música logo. Isso pode não ser um problema tão grande quanto era há 50 anos, mas se você quer ter uma boa reputação como baixista, tenha uma boa fama como leitor de música. Há poucos baixistas bons de leitura e essa é uma maneira fácil de se destacar.

Hoje, poucos vão te contratar só por saber tocar fusas em tercinas a 140 bpm, mas você vai estar no palco se for o único cara na cidade que consegue aprender a executar uma parte escrita em minutos.

Por último, mas definitivamente não menos importante: satisfação pessoal. Aprender a ler música é aprender uma nova língua. Ser capaz de transformar alguns pontos pretos e linhas em um pedaço de papel numa bela música é uma das experiências mais gratificantes e especiais que teremos como músicos. Leitura de música é uma conquista fantástica e vai ficar com você por toda sua vida.

Músicos se comunicam com notação musical. É um pouco assustador, mas é mais fácil do que você pensa.

Como assim?! Sem melodia?!

Você rapidamente perceberá que a maior parte deste livro é composta de linhas cada vez mais difíceis de alturas e ritmos. Deliberadamente, escrevi essas linhas para evitar melodias e músicas tanto quanto possível. A razão para isso é muito clara. Se os exemplos de leitura de vista forem escritos como músicas, você facilmente iria memorizá-los e começaria a reproduzi-los de ouvido.

Evitando a melodia nos exercícios, você é forçado a realmente *ler* cada nota, em vez de deixar seus ouvidos te levarem. Isso manterá seu cérebro comprometido, focado e ativamente envolvido no reconhecimento de cada nota individualmente. Se seu cérebro começar a vincular uma nota em uma frase memorizada como uma sequência de dedos, a tendência é parar a leitura à primeira vista e começar a tocar de ouvido e de memória.

Cada página de leitura se concentra em uma tonalidade e começa com as notas que são adjacentes musicalmente. Ao descer a página, os exemplos se tornarão mais desafiadores para ler porque as distâncias musicais entre as notas (intervalos) gradualmente aumentarão.

Na terceira parte desse livro, um novo ritmo é introduzido (normalmente a cada quatro linhas) e aos poucos combinado com mais ritmos que você já conheça. Pode parecer intimidador no papel, mas todos os exercícios deste livro são meticulosamente planejados para desafiá-lo de forma construtiva e exequível.

A ideia é prepará-lo para qualquer coisa que possa ocorrer em 95% dos exemplos de leitura que você pode encontrar na vida real. Sempre haverá desafios de leitura, mas neste livro eu foquei em te preparar para a maioria do que o mundo real pode te trazer em uma situação profissional.

Junto com esse livro, você pode ver exemplos de músicas reais para te motivar. Livros de violino são boas fontes ou mesmo livros de tablatura de baixo, já que a maioria deles têm notação padrão também. Simplesmente cubra a tablatura com um papelzinho dobrado.

Obtenha o Áudio

Os arquivos de áudio desse livro estão disponíveis para download gratuito em **www.fundamental-changes.com** e o link está no canto superior direito. Apenas selecione o título do livro no menu e siga as instruções para baixar os áudios.

Nós recomendamos que você baixe os áudios diretamente para seu computador em vez do seu tablet, e transfira-os para lá depois de adicioná-los à sua galeria de mídia. Então, você pode colocá-los no seu tablet, iPod ou gravá-los em um CD. Na página de download há um PDF para ajudá-lo e nós também oferecemos suporte técnico através do formulário de contato.

Kindle / eReaders

Para aproveitar ao máximo esse livro, lembre-se de que você pode clicar em qualquer imagem para ampliá-la. Desligue o bloqueio de "rotação de tela" e segure seu kindle em formato paisagem.

Todos os exercícios rítmicos e melódicos neste livro estão disponíveis gratuitamente, assim você pode imprimi-los e visualizá-los mais facilmente.

Esses exercícios estão disponíveis gratuitamente em PDF **www.fundamental-changes.com/sightreadingpdf**, você pode imprimi-los e colocá-los em sua estante de partitura.

Para Mais de 350 Aulas de Guitarra Com Vídeos Grátis, Acesse:

www.fundamental-changes.com

FB: **FundamentalChangesInGuitar**

Instagram: **FundamentalChanges**

Capítulo Um: Os Três Elementos Essenciais da Leitura Musical

Por mais complicado que possa parecer a princípio, o processo de leitura musical pode ser dividido em apenas três elementos simples:

1) Reconhecimento de altura

2) Localização das notas no seu instrumento

3) Reconhecimento do ritmo

Uma das razões que pode tornar um pouco mais complicado ler música no baixo é que nós temos até quatro locais para tocar a mesma nota (em um baixo de 24 trastes). A nota "G" pode ser tocada nos seguintes locais:

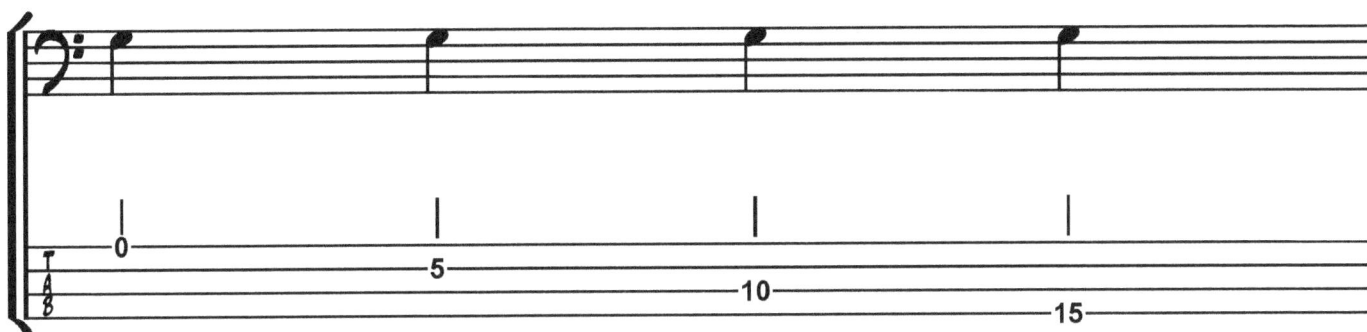

Uma grande razão para os baixistas pararem de aprender a ler música é devido a essa confusão, mas vamos olhar logicamente.

A última posição estará provavelmente muito acima no braço para ser útil em uma situação «normal», então vamos desconsiderá-la.

A corda solta tem um som muito específico que pode parecer fora do lugar ou "estranho" fora da música clássica ou de acordes acústicos. Esse não é um grande problema ao tocarmos riffs de baixo e pode gerar um excelente efeito

As duas posições mais prováveis da nota "G" estão nas cordas do meio. Elas são também bastante próximas uma da outra fisicamente e não muito distantes em termos de notas.

Na verdade, é normalmente certo que a "melhor" área para se ler no baixo situa-se entre o 3° e 10° trastes. Isso é, naturalmente, totalmente subjetivo, mas músicos profissionais parecem concordar que a maior parte das músicas que você vai encontrar normalmente caberão confortavelmente nessa área.

Embora a escrita de notas e rítmica sejam bastante fáceis de aprender, a maioria dos baixistas parecem lutar com a aplicação dessa informação em seu próprio instrumento. Enquanto as notas no teclado simplesmente ascendem da esquerda para a direita, o baixo é menos simples; para alterar o tom de uma nota, podemos nos mover para uma região diferente da corda ou mesmo mudar de corda.

Esse aspecto "tridimensional" para o local de nossas notas, infelizmente, pode ser um obstáculo para nós.

No entanto, se nos lembramos de que *a maioria das* músicas é formada a partir de escalas simples, que podem ser facilmente deslocadas pelo braço, começamos a perceber que o braço do baixo é um pouco menos assustador do que imaginávamos.

O primeiro passo para aprender a ler música vai ser sempre o reconhecimento da altura de uma nota no papel e sua transferência para o instrumento que estamos tocando. Com esse entendimento essencial, podemos começar a abordar logicamente a tarefa de ler música no baixo.

Reconhecimento de altura

Quando lemos uma palavra no papel, nosso cérebro está reconhecendo um padrão e dando significado para ele. Esse é o processo que você começou a aprender quando tinha poucos anos de idade. Para lermos notação fluentemente, precisamos reconhecer primeiramente os pontos e linhas de notação musical tão facilmente quanto lemos palavras. Simplesmente temos de dar significado aos novos padrões.

A notação musical funciona dando uma visão quase gráfica da nota sobre o tempo. Ao ler da esquerda para a direita, você pode considerar isso como um avanço em ritmo constante (dirigido pelo *tempo*). A altura da nota na pauta (as cinco linhas horizontais) nos diz a região onde tocá-la.

Cada linha e espaço é uma determinada nota que *sempre* soará na mesma altura. Aqui estão as notas da escala de dó maior com seus nomes em cifras escritos abaixo.

Pode ser muito de primeira. Para tornar mais fácil, separe as notas nas linhas daquelas nos espaços:

As notas nos espaços são A, C, E e G. Você pode se lembrar delas assim:

As Casas Eram Grandes

As notas das linhas são G, B, D, F e A. É possível usar uma pequena frase para ajudar a lembrar:

Gosto Bastante De Fazer Arroz.

Há diversas frases que você pode usar para lembrar essas notas, então tente inventar a sua própria.

Continue se referenciando pelos nomes escritos anteriormente, caso você tenha dificuldade para lembrar.

Agora vá à **página 29** e (*sem seu baixo*) leia a linha superior da página. Diga cada nota *em voz alta* enquanto lê. Isso reforçará a ligação mental entre a nota e o reconhecimento.

Vai levar algum tempo e esforço no começo, então é bom ir devagar. Quando eu estava aprendendo a ler música em nível avançado, sentia-me frequentemente desorientado e com fome ao terminar devido ao esforço!

Quando terminar de ler a linha superior da **página 29**. Leia a linha superior da página 30. Evite ficar lendo novamente as mesmas peças de música, já que uma hora você vai acabar memorizando a passagem e não queremos isso.

Quando se sentir pronto para avançar para a segunda linha dessas páginas, vá em frente. No entanto, você pode aproveitar quatro vezes mais qualquer linha desse livro com as seguintes ideias:

1) Leia para frente

2) Leia para trás

3) Vire a página de cabeça para baixo e leia para frente

4) Vire a página de cabeça para baixo e leia para trás

Tente ler as notas na primeira linha da página 29 usando os quatro métodos mencionados acima. Se você se sentir confiante, siga para as outras linhas. Não há necessidade de ir muito longe nesta fase.

Quando você estiver ganhando confiança, coloque um metrônomo em 40 batidas por minuto e diga as notas em voz alta no tempo com o clique. Você deve ler duas notas para cada clique do metrônomo. Em poucos dias, gradualmente, aumente a velocidade do metrônomo em incrementos de 5 batidas por minuto (bpm) até 60 ou acima.

Tudo isso deve ser feito sem o instrumento nas mãos. Estamos apenas tentando memorizar o significado de cada ponto. Você pode imaginar que é um ator em uma peça e está tentando memorizar suas falas sem a distração de realmente ter que interpretá-las.

Agora vamos estender o *intervalo* das notas que estamos lendo tanto acima quanto abaixo do pentagrama:

Agora, nós vimos cada nota que há nas páginas 29 e 30.

Então, você pode começar a ler até o fim essas duas páginas. Quando ficar mais fácil, lembre-se de mudar as coisas, usando as quatro ideias acima para criar material novo.

Coloque o metrônomo em 40 bpm e treine da mesma forma para melhorar seu reconhecimento de notas.

Sustenidos e Bemóis

A maioria, mas nem todas as notas na pauta têm um semitom extra contido entre elas. Por exemplo, a nota C# (dó sustenido) se situa entre C e D. A nota C# é chamada de nota *cromática*.

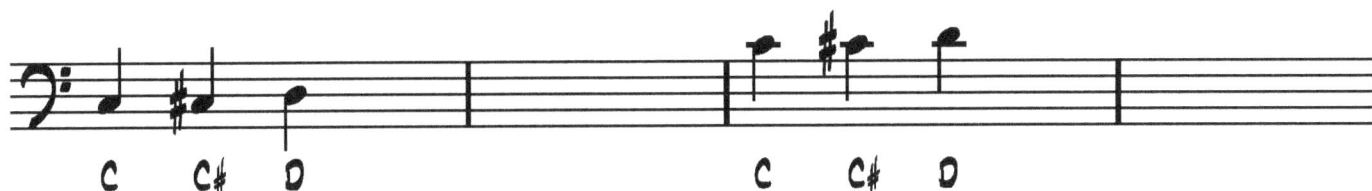

Como você pode ver, a nota C é apresentada na pauta com um sinal de # (sustenido) antes dela. Perguntaram para mim durante uma aula, "O que significa o C com *hashtag*?". Eu não achei bom.

Para os nossos propósitos, *a nota C# é a mesma nota que Db (ré bemol)*.

As notas C# e Db são chamadas de *enarmônicas*, que é um jeito complexo de dizer que duas notas podem ter o mesmo nome.

Na música, as notas enarmônicas são:

C# e Db

D # e Eb

F # e Gb

G # e Ab

A # e Bb

Elas ficam assim na pauta:

Em cada par, as notas soam idênticas.

Sustenidos e bemóis ocorrem naturalmente na música e são usados para alterar algumas das notas em uma melodia *ou* para designar as *tonalidades* em que estamos tocando.

Veja a página 51. Você pode perceber os sustenidos ocorrendo durante todo o exemplo. Quando nos deparamos com sustenidos e bemóis, nós simplesmente tocamos a nota alterada em vez da original.

Leia o exemplo a seguir:

Em vez de dizer "Fá" no segundo compasso, dizemos "Fá Sustenido". Essa é a nota que você tocaria em seu instrumento.

Aqui está um exemplo com um bemol (b):

No primeiro compasso você diria e tocaria a nota Bb em vez da nota B.

Esses dois exemplos mostram como tratamos sustenidos e bemóis quando eles surgem na partitura. No entanto, outra maneira de usar os sustenidos e bemóis é para definir a tonalidade da música.

Este não é um livro de teoria, por isso essa explicação vai ser breve, mas usando determinadas combinações simples de sustenidos e bemóis no início da música, podemos indicar em qual tonalidade a música está.

Por exemplo, ao escrever o F# no início da música, a tonalidade será G maior[1]. Para mais detalhes sobre como os sustenidos e bemóis definem as tonalidades, confira o Guia Prático de Teoria Musical Moderna.

Essa *armadura de clave* fica assim:

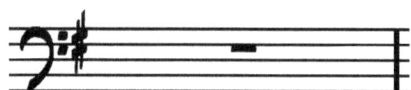

O que isso significa para nós, como leitores de música, é que *sempre* que vemos um F na música, tocamos um F# em seu lugar. Esse F# não é apenas tocado na linha específica onde está escrito, ele afeta *cada* F da música, a não ser que nos digam o contrário.

---

[1] Ou E menor, mas isso não é importante agora.

As notas no exemplo a seguir são:

G F# G A F# E D C D E C B A B F# G

No exemplo a seguir, todas as notas B serão tocadas como Bb por causa do Bb na armadura de clave:

Esta é a armadura de clave para a tonalidade de fá maior.

F E D A Bb D C Bb D E G Bb A G F F

Cabe sempre a nós, como leitores, notar os sustenidos e bemóis na armadura de clave e lembrar de aplicá-los a cada nota que elas afetam.

Leia as páginas 53 e 54, lembrando-se de alterar as notas como instruído pela armadura de clave.

Lembre-se de que você pode ler ao contrário e inverter a página para criar mais material para treinar. Quanto mais você trabalhar nessa etapa, mais fácil você vai achar quando aplicar essas notas no instrumento.

Treine com um metrônomo, como descrito anteriormente, para ajudá-lo a desenvolver uma reação instantânea ao ver cada ponto. Não se preocupe com o deslizamento ocasional, tente ficar no tempo e regularmente aumente a velocidade do metrônomo ligeiramente.

Quando você estiver começando, eu desaconselho praticar leitura musical por mais de 20 minutos e pela manhã, antes do resto da sua rotina de treino. Esse tipo de treino pode ser bastante desgastante, por isso é importante abordar o assunto quando você estiver descansado. Depois que tiver terminado seus 20 minutos, faça uma pausa de 10 ou 15 minutos antes de pegar seu baixo. Nós ainda não aplicamos as notas da pauta no baixo, porém, em capítulos posteriores, essas orientações se aplicarão também.

Quando *estiver* treinando a localização de alturas no baixo dessa forma, uma vantagem é que seus 20 minutos de prática de leitura servem como um aquecimento excelente e útil antes de iniciar sua rotina de treino normal.

Linhas Suplementares

Quando a altura de uma nota se tornar muito alta ou muito baixa, ela deixará a pauta e "flutuará" acima ou abaixo das cinco linhas principais. Já vimos isso com as notas graves (E e F) e as notas agudas (D, E, F e G).

Para nos ajudar a reconhecer facilmente alturas quando elas estão escritas fora da pauta principal, nós usamos um sistema de pequenas linhas como referência visual. Essas linhas são chamadas de linhas *suplementares*. *Linhas Suplementares aumentam* o alcance da pauta musical.

Com essas linhas suplementares, podemos agora cobrir cada nota no baixo a partir da quarta corda solta (E) até o 12º traste na primeira corda (G).

As notas mais graves no próximo exemplo não se aplicam ao baixo de quatro cordas, entretanto, se você estiver tocando um baixo de cinco cordas, é essencial aprendê-las.

Aqui estão as novas notas que você precisa memorizar:

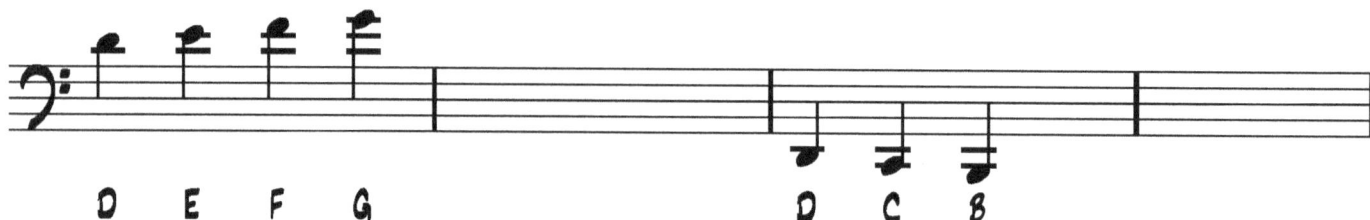

Essas notas foram as que me tomaram mais tempo para memorizar até reconhecê-las imediatamente.

Leitura de notas em linhas suplementares *é* infelizmente um pouco mais difícil do que a leitura de notas na pauta principal, mas é igualmente essencial. Se você desenvolver uma maneira pessoal para memorizar essas notas, progredirá muito mais rapidamente em suas habilidades de leitura musical.

O baixo, especialmente o baixo elétrico, tem uma extensão extremamente grande quando comparada com muitos outros instrumentos e ler linhas suplementares é apenas um dos passos que devemos conquistar em nossa jornada rumo à proficiência. Se serve de consolo, 80% da leitura que você vai encontrar como baixista está entre o E grave e o D agudo.

Leia os exemplos a seguir e lembre-se que você também pode ler de trás para frente ou virar a página para criar material novo.

Se você estiver tocando um baixo de cinco cordas, tente ler a seguinte linha:

Concentre-se agora na página 27 e comece na linha 5 (para evitar praticar as coisas que você já consegue fazer), leia cada um dos exemplos. Lembre-se de dizer o nome de cada nota em voz alta enquanto lê. Isso é a coisa mais importante que você pode fazer para reforçar a ligação entre a nota simbolizada e seu reconhecimento instantâneo.

Nos próximos dias, use seus 20 minutos de treino de leitura para ler em voz alta sucessivos exercícios, começando na página 27. Lembre-se de incluir os sustenidos e bemóis indicados pela armadura de clave. Vá no seu tempo e treine em uma velocidade em que você possa ler de forma consistente com poucos erros. Mais uma vez, comece com o metrônomo em 40 bpm e leia duas notas por clique.

Não comece na página 29 todos os dias. Tente recomeçar onde você parou no dia anterior ou escolha uma página ao acaso para ler. Gradualmente suba a velocidade do metrônomo e você vai cobrir uma área maior a cada dia.

Sugiro paciência aqui. Tenho certeza que você está ansioso para começar a aplicar essa informação em seu baixo (iremos abordar isso na próxima seção), mas eu prometo a você que o tempo gasto vai tornar a tarefa de aplicar essas habilidades no baixo muito mais fácil.

Capítulo Dois: Tocando Notas Escritas no Baixo

Já que começamos a desenvolver o rápido reconhecimento das notas musicais, o próximo passo é aplicar esse conhecimento no baixo.

Como mencionado no capítulo um, há frequentemente mais de uma maneira de tocar a mesma nota no baixo. Isso pode ser um pouco assustador, deixando-nos com uma incômoda sensação de "Estou fazendo isso certo?!". A verdade é que há algumas *sobreposições* úteis onde é eficaz ler música, mas focar em apenas uma de cada vez é a maneira mais rápida e mais benéfica para obter resultados.

Vamos começar examinando onde as notas da escala de C maior ficam no baixo. Esse pode não ser seu formato "favorito" para usar ao tocar essa escala, mas é muito funcional e abrange uma grande região:

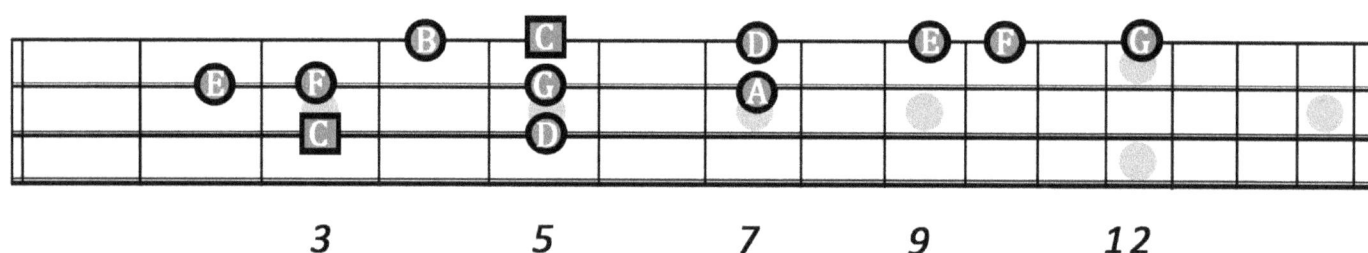

Em primeiro lugar, familiarize-se com essa forma de escala para tocá-la do grave para o agudo.

Ao tocar a escala, diga em voz alta cada nota.

Dividindo a escala em oitavas graves e agudas, podemos agora começar a localizar as notas no braço enquanto lemos. Tente esse exemplo que usa notas na oitava mais grave:

Lembre-se de dizer em voz alta cada nota ao tocá-las. Reforçar essas conexões é muito importante.

Agora, tente esse exemplo lendo na região mais aguda da escala maior de C:

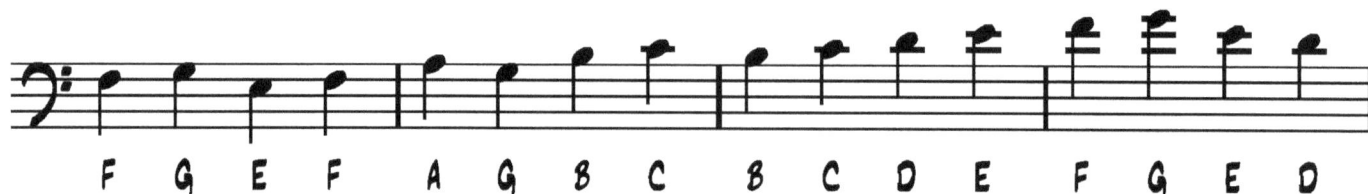

Eis uma melodia que se move entre as oitavas mais aguda e mais grave da escala maior de C:

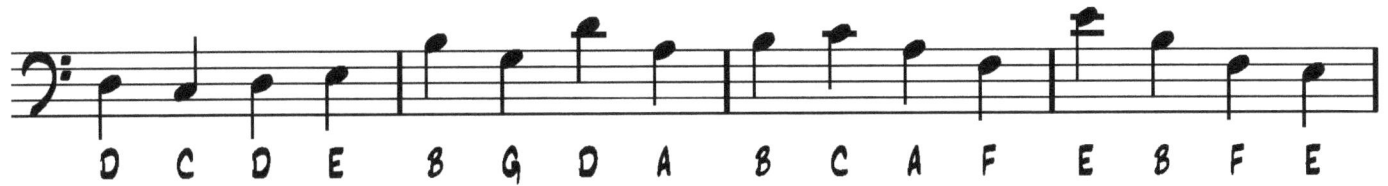

D C D E B G D A B C A F E B F E

Claro, essa não é a única maneira de organizar as notas no braço. Tente ler os três exercícios anteriores usando essa forma da escala maior de C:

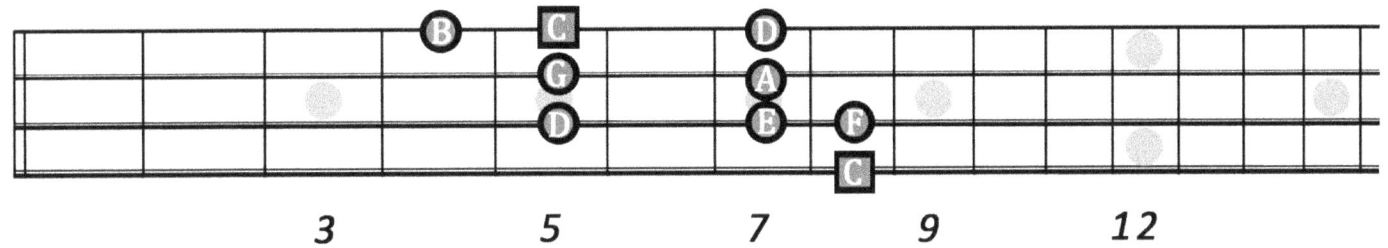

Essa forma tem a vantagem de evitar a mudança de posição, no entanto isso nos deixa ainda mais longe das notas graves na corda E, caso precisemos tocá-las.

Agora, toque os exemplos de C maior das páginas 29 e 30.

Aqui está um diagrama das localizações das notas mais graves:

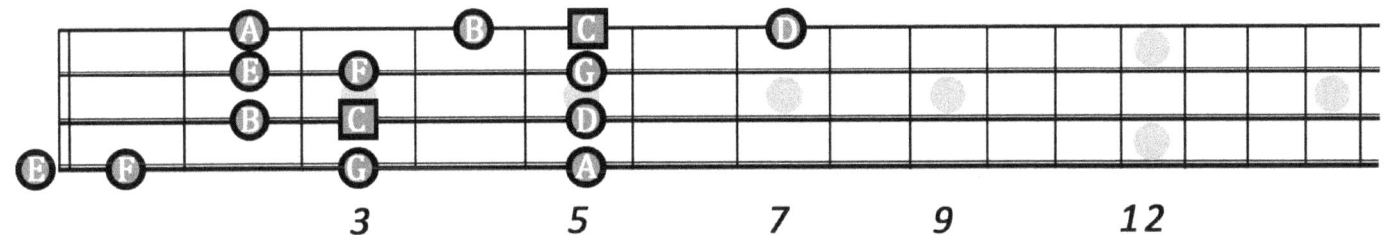

Por fim, use essa versão da escala maior de C para tocar os exemplos anteriores e as páginas 29 e 30.

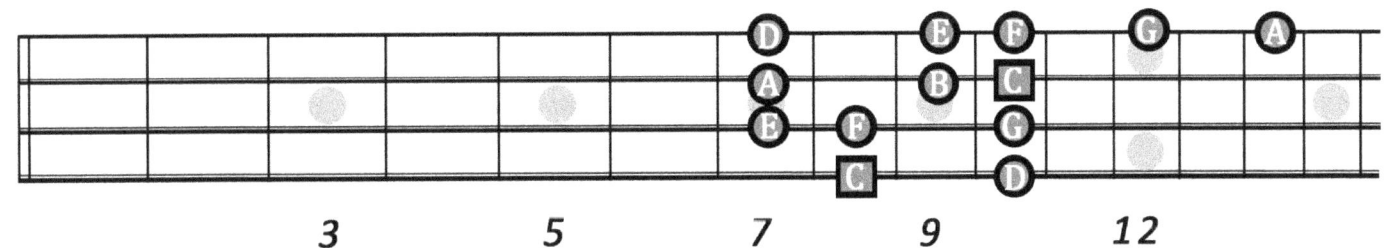

Essa é uma forma comum da escala e você já deve saber isso. Lembre-se, porém, que você deve dizer os nomes das nota em voz alta ao tocá-las.

Conhecendo o Braço

Dividindo o braço em formas e áreas, como na seção anterior, você vai gradualmente começar a encontrar os pontos fortes e fracos de cada abordagem. Lembre-se, a melodia da *maioria das* músicas é derivada da escala maior ou de um dos seus modos. Conhecendo essas formas, podemos aplicá-las a qualquer tonalidade para nos dar uma enorme vantagem quando nos deparamos com novas músicas. Vamos falar sobre como lidar com novas tonalidades mais tarde.

Por enquanto, vamos examinar alguns padrões muito úteis que podem ajudar a determinar rapidamente o nome e a localização de *qualquer* nota no braço do baixo.

Padrões de oitava são formatos consistentes que nos informarão com clareza como localizar as notas de mesmo nome no baixo. A primeira coisa que vamos aprender é a localização das notas nas cordas E e A:

Notas na corda "E":

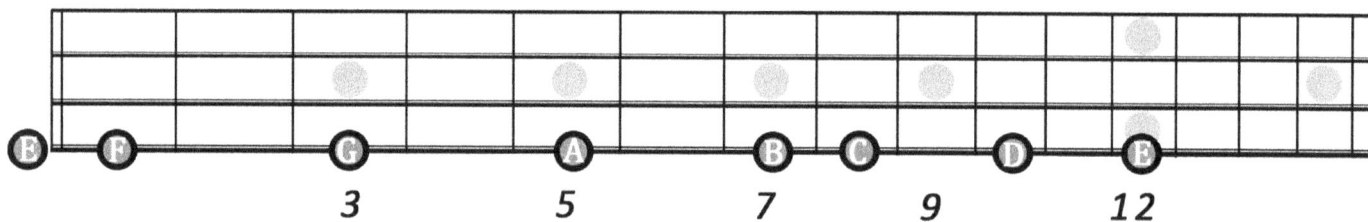

Notas na corda "A":

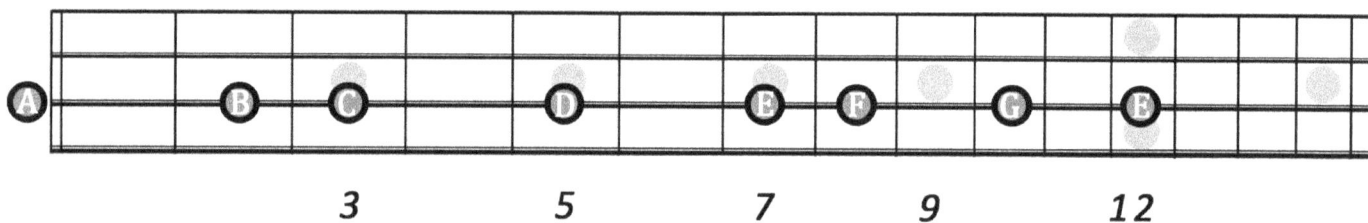

Se você já usa acordes com pestanas, deve estar familiarizado com as localizações dessas notas.

Lembre-se, cada nota pode ser ajustada para se tornar um sustenido (#) ou um bemol (b), deslocando-se acima ou abaixo um semitom. Eb e D# estão localizados na corda "A", 6° traste ou na corda "E", 11° traste.

Agora podemos usar formas simples para encontrar as *mesmas notas na oitava mais aguda.*

Uma oitava pode ser tocada dessa forma entre as cordas E e D e entre as cordas A e G:

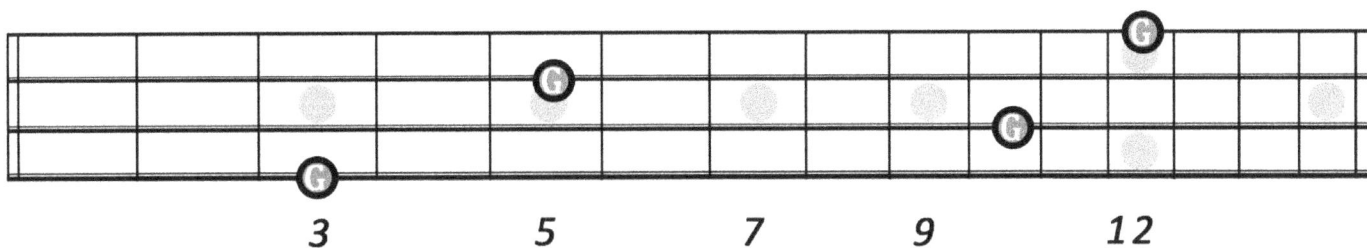

Perceba que para tocar a mesma nota uma oitava acima, você sempre se move duas cordas acima e dois trastes *para frente*.

Usando essa informação, você pode descobrir rapidamente todas as notas nas outras cordas.

Você também pode tocar oitavas *pulando duas cordas*. Este é o padrão de oitavas entre as cordas E e G:

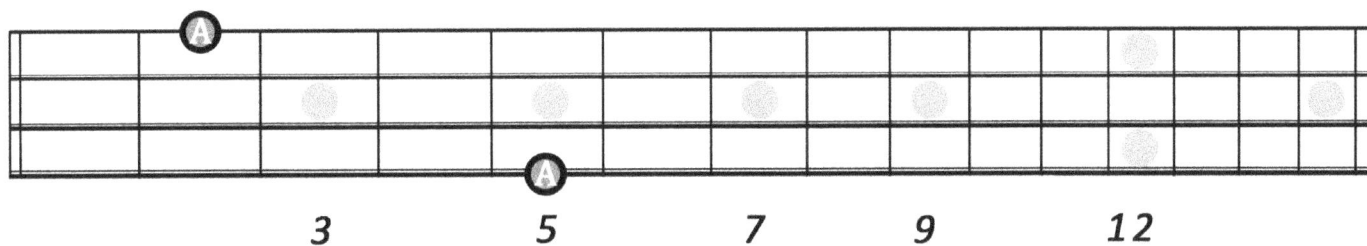

Se você sabe o nome da nota na corda "E", você pode localizar a mesma nota uma oitava acima na corda "G", movendo-se *por* três cordas e três trastes *abaixo*.

Há um padrão de oitava em cordas adjacentes em notas separadas por sete casas:

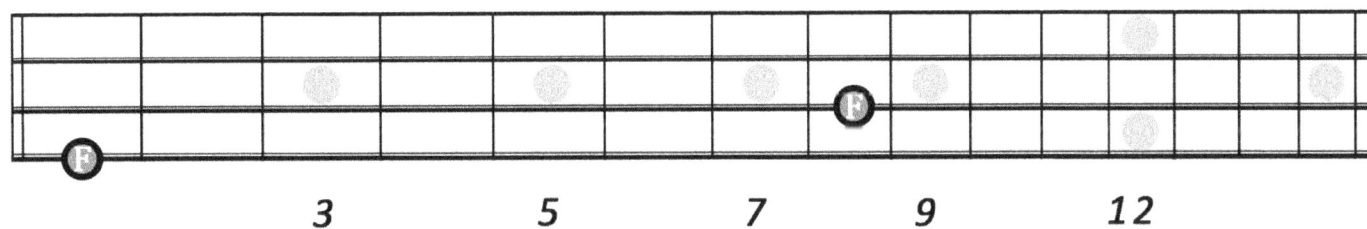

Claro, sempre é possível tocar a mesma nota uma oitava acima, movendo-se por 12 casas na mesma corda:

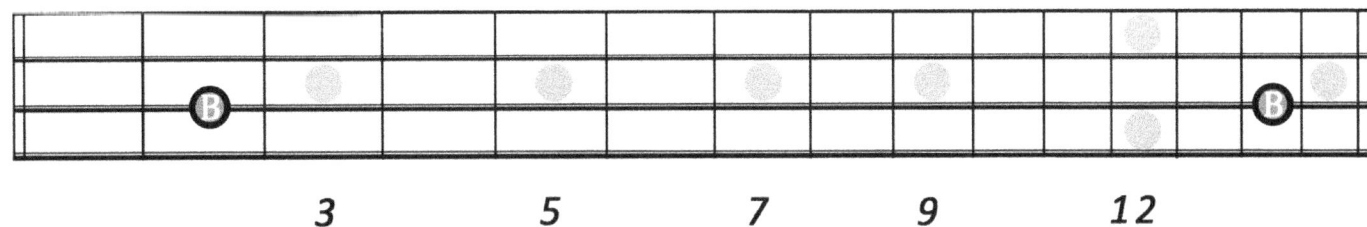

Uma parte essencial da aprendizagem do braço é desenvolver a memória automática desses padrões. Com a prática, o braço parece ficar menor e demora menos tempo para tocar uma frase musical.

Uma brincadeira divertida é dizer uma nota em voz alta e depois tentar encontrar *todos* os locais daquela nota no braço o mais rápido possível. Não se esqueça de fazer isso com os sustenidos e bemóis também.

Vamos olhar melhor a leitura em outras tonalidades na próxima seção, mas por agora tente o seguinte:

Toque lentamente as páginas 31 e 32. Essas duas páginas são escritas na tonalidade de G maior, então toda vez que você vir a nota F, deve lembrar de tocar F#, como indicado pela armadura de clave.

Use o diagrama da escala maior, na página 15, como uma estrutura básica para localização de notas. No entanto, cada nota F precisa ser tocada como um F#, subindo-se um semitom.

Agora, tente ler os exercícios na tonalidade de fá maior nas páginas 43 e 44. Dessa vez, a armadura de clave te diz para tocar cada nota B como um Bb.

Mais uma vez, use a forma da escala maior de C, da página 15, como um guia para a localização das notas no braço, mas cada vez que você vir a nota B, abaixe-a um semitom para um Bb.

Leitura em Outros Tons Maiores

A leitura à primeira vista em outras tonalidades nos obriga a incorporar e memorizar novas localizações de notas no baixo. Aumentando gradualmente a complexidade da tonalidade (em termos de número de sustenidos e bemóis), exploramos cada vez mais profundamente o braço. Isso, por sua vez, faz de nós leitores mais competentes, experientes e menos problemáticos quando nos deparamos com melodias inesperadas.

Há duas abordagens para aprender a ler em novas tonalidades. Nós começamos a explorar uma delas no final da seção anterior.

Primeiro Método:

Uma maneira de ler nas tonalidades mais complexas é usar a escala maior de C como uma "espinha dorsal" e ajustar as notas individuais para levarem em conta os sustenidos e bemóis da armadura de clave. Isso dá uma vantagem enorme, porque você é constantemente forçado a pensar sobre a localização das notas alteradas no braço.

Por exemplo, o ato de alterar cada B para um Bb te ensinará rapidamente a localização dos Bb no braço do baixo. Ler assim é um processo muito consciente. É cansativo no começo, mas dá grandes resultados a longo prazo. Se você estiver tocando em uma tonalidade com quatro sustenidos ou bemóis, você perceberá que está constantemente ajustando seu pensamento para incorporar essas notas.

Lembre-se, entretanto, que este livro é sobre o *processo* de aprender a ler música. Ao passar por esse processo, você vai aprender o braço do baixo *muito* rapidamente. Depois de algumas semanas ou meses, você não vai estar pensando sobre como ajustar a escala de C maior para tocar, você verá um F# simbolizado e vai simplesmente tocar um F#.

Isso é uma meta de médio a longo prazo, mas começar já é um grande passo na estrada da fluência.

Segundo Método:

A segunda maneira de ler nas tonalidades mais complexas é usar uma forma fixa da escala maior, como a da página 15, e simplesmente transportá-la acima e abaixo no braço em tonalidades diferentes, como você faria se estivesse tocando acordes com pestana.

Por exemplo, já sabemos esse padrão de escala para C maior:

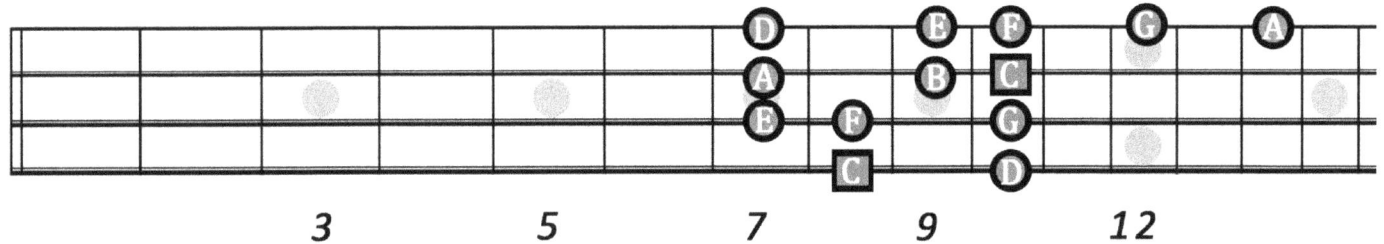

Se quiséssemos obter acesso rápido às notas na tonalidade de Bb maior, por exemplo, poderíamos mudar esse padrão para que a tônica estivesse no Bb na corda "E":

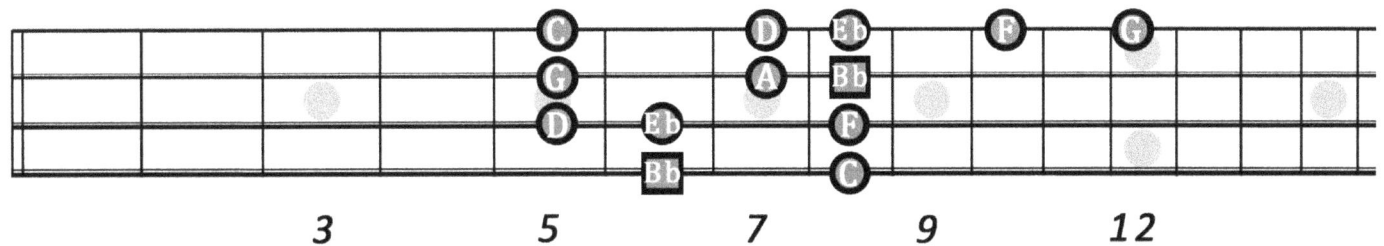

Como você pode ver, usamos exatamente a mesma forma de escala maior na nova posição e automaticamente incorporamos os sustenidos e bemóis da tonalidade sem muito esforço para nós, leitores.

Isso é muito útil de saber, mas existem alguns inconvenientes. Em primeiro lugar, essa forma não necessariamente cobre as notas mais graves e mais agudas na posição. Isso não é sempre um problema, mas podemos acabar tendo que estender a forma da escala para o mais grave e mais agudo nas cordas de cima e de baixo.

Uma outra questão é que como todas as notas são "fornecidas" para nós automaticamente, provavelmente acabaremos pensando *menos* sobre as notas individuais que estamos tocando.

Nesta fase inicial do desenvolvimento de leitura, é muito benéfico treinar duro para encontrar as notas no braço e pensar sobre a localização de cada nota.

Na vida real, a verdade está sempre no meio do caminho. Depois de ter treinado metodicamente por um tempo, você vai internalizar as localizações das notas no braço. Como eu mencionei, se você vir um F# simbolizado, simplesmente moverá para o F# mais próximo dos seus dedos. Você irá transcender a necessidade de estar constantemente ajustando a escala de C maior e encontrar as notas se tornará muito fácil, até mesmo inconsciente.

Também é muito útil conhecer as formas de escala, já que muitas vezes na música existem melodias sequenciais que são mais fáceis de executar quando pensamos nelas como padrões.

A única resposta é praticar os dois métodos e deixá-los combinarem-se naturalmente em sua mente.

Paciência e prática construtiva sempre serão a chave para o sucesso. Você está aprendendo uma nova língua: isso sempre leva tempo.

As melhores formas de praticar estão detalhadas na página 25.

Leitura em Tonalidades Menores e Acidentes

Felizmente, nem todas as músicas são escritas nas tonalidades maiores, cerca de metade das músicas que você vai ver e ouvir serão escritas em um tom menor. Existem muitos tipos de escalas menores, e todos eles estão relacionados fortemente com escalas maiores.

Mais uma vez, isso não é um livro de teoria, mas uma breve explicação sobre a relação entre escalas maiores e menores é apropriada aqui.

Para cada escala maior, há uma escala relativa menor que compartilha a mesma armadura de clave.

A escala menor relativa sempre é construída a partir da 6ª nota (ou "grau") da escala maior. Por exemplo, o relativo menor para dó maior é lá menor.

Conte 6 notas a partir de C e pare no A:

1 2 3 4 5 **6**

C D E F G **A**

Para formar a escala de um A *natural* menor, simplesmente recomeçamos a sequência de notas de dó maior, começando na nota A:

A B C D E F G A = A natural menor.

O relativo menor para a tonalidade de sol maior é mi menor:

1 2 3 4 5 **6**

G A B C D **E**

E F# G A B C D

O relativo menor para a tonalidade de mi bemol maior é dó menor:

1 2 3 4 5 **6**

Eb F G Ab Bb **C**

C D Eb F G Ab Bb C

Esses três exemplos mostram a forma natural do relativo menor. Você também pode conhecer essa escala como o modo *eólio*.

Isso, no entanto, não é o fim da história.

A escala menor natural é muitas vezes alterada para formar as escalas harmônica ou melódica menor.

A Escala Menor Harmônica

Para formar a escala menor *harmônica*, nós *elevamos a 7ª nota da escala menor natural* em um semitom.

Por exemplo, vimos que a escala de A *natural* menor era

A B C D E F G A.

Para mudar isso para a escala de A menor *harmônica,* subimos a 7ª nota, G, um semitom.

A B C D E F G# A

A escala de E *menor natural* era

E F# G A B C D E

Que se torna E harmônica menor quando subimos o 7º grau:

E F# G A B C D# E

C menor natural é

C D Eb F G Ab Bb C

C harmônica menor é

C D Eb F G Ab B C

A Escala Menor Melódica

A outra escala menor comum é a escala menor *melódica*. Existem duas formas desta escala, uma ascendente e outra descendente. Músicos mais modernos usam a versão ascendente dessa escala, por isso esse será nosso foco aqui.

Para formar a escala melódica menor, devemos *subir* a 6ª e 7ª notas da escala *natural menor* por um semitom.

Por exemplo, a escala menor natural de A (A B C D E F G A), quando convertida em uma escala menor melódica, torna-se:

A B C D E F# G#

A escala menor natural de E (E F# G A B C D E), quando convertida em uma escala menor melódica, torna-se:

E F# G A B C# D# E

C natural menor (C D Eb F G Ab Bb C) torna-se

C D Eb F G A B C

Outros sustenidos e bemóis introduzidos na melodia são mostrados por *acidentes.*

Um *acidente* é qualquer nota que seja alterada por um sustenido, bemol ou *natural* em uma melodia. Esses acidentes são mostrados à esquerda da nota.

Por exemplo, aqui está simbolizada a escala de E menor natural (observe que ela compartilha a armadura de clave de G maior).

E NATURAL MINOR

Compare a escala menor natural de "E" e a escala *melódica menor* de "E", mostradas aqui:

E MELODIC MINOR

Como você pode ver, a 6ª e 7ª notas são aumentadas para se tornarem C# e D# usando acidentes.

Aqui está um outro exemplo, desta vez usando *naturais*.

Estude a escala de C menor natural (observe que ela compartilha a armadura de clave de Eb maior).

C NATURAL MINOR

A 6ª e 7ª notas da escala menor natural são Ab e Bb, como mostrado na armadura de clave. Quando as elevamos na escala menor melódica, usamos um sinal natural para restaurar as *notas* ao A e B originais.

C MELODIC MINOR

Quando você estiver lendo uma música nova, verá mais frequentemente acidentes ocorrendo quando a música tiver notas de uma escala menor ou quando a música mudar de tonalidade.

Os diagramas de escala, a seguir, mostram algumas maneiras úteis de tocar a escala menor melódica no baixo na tonalidade de A. Essas formas podem ser deslocadas para outras tonalidades.

Lá menor melódica 1:

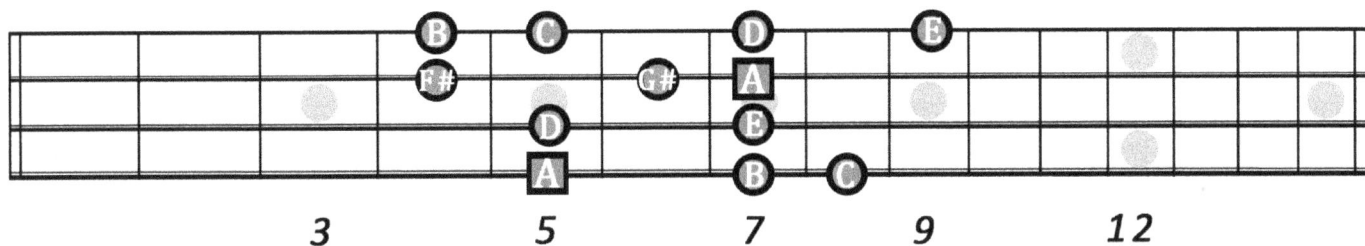

Lá menor melódica 2:

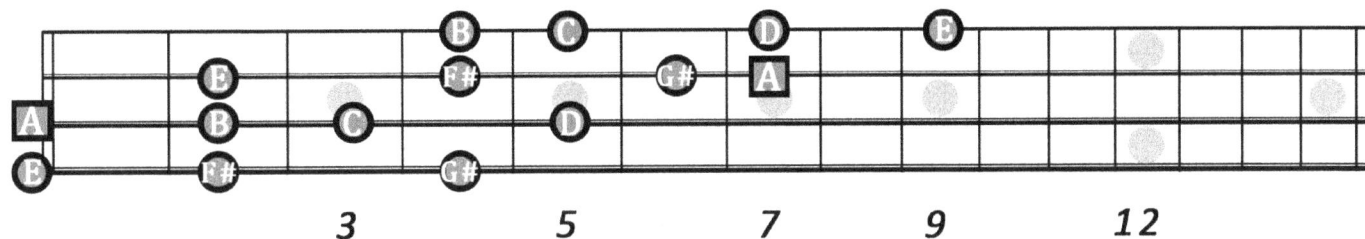

Exercícios que usam a escala menor melódica começam na página 51.

Como Praticar os Exercícios

Como mencionado na introdução, os exercícios nas páginas seguintes são projetados para evitar a memorização de melodias e aumentar gradualmente a dificuldade em cada linha.

A melhor maneira que eu encontrei para praticar leitura é em sessões rápidas durante o dia, sempre que me sinto relaxado e tranquilo. Normalmente, para mim, isso acontece na maioria das manhãs e no início das noites.

Eu tentaria praticar por cerca de 23 minutos por vez. Fazendo dois períodos de 10 minutos de leitura com um intervalo de 3 minutos onde eu me levantaria para andar. Leitura à primeira vista é muito cansativa no início e fazer várias pausas é essencial para manter seu cérebro alerta. Se você puder organizar duas sessões de 23 minutos de prática por dia, será muito bom.

Se você nunca tiver praticado leitura antes, comece com uma das páginas de C maior e muito lentamente tente tocar as notas na primeira linha. Por enquanto, não use um metrônomo. Mesmo se você demorar 10 minutos para fazer apenas uma ou duas linhas, isso já é positivo. Lembre-se de fazer suas pausas e não mais do que 10 minutos de leitura por vez, caso contrário você pode ficar cansado antes de praticar as outras coisas que está treinando.

Depois de uns dias, você perceberá que chega mais e mais longe na página em sua sessão de 10 minutos.

Assim que você se sentir capaz (e não é preciso completar uma página inteira antes de fazer isso), coloque um metrônomo em 50 bpm. Tente ler a página novamente, mesmo que você tenha de ler em "meio tempo", onde cada nota é sustentada por duas vezes o valor escrito. Se você cometer um erro, não pare e continue no tempo.

Deixar o metrônomo ligado te "força" a reconhecer notas mais rápido do que você faria se estivesse tocando livremente. Isso ajuda o cérebro a desenvolver o reconhecimento imediato que precisamos.

Quando você sentir que está se tornando mais fluente, tente ler a segunda página de notação em C, mas dessa vez comece com o metrônomo em 50 bpm.

Além disso, comece a explorar as armaduras de clave que tenham apenas um sustenido ou bemol (sol maior e fá maior). Incorpore-as na sua rotina diária de prática também. Você vai começar a achar que está pronto para ler duas ou três páginas em uma sessão de 10 minutos. Quando isso acontecer, gradualmente aumente a velocidade do metrônomo. No início, tente chegar a 60, depois 70 e, finalmente, vá até 100 bpm.

Sempre lembre *de ignorar os erros*. Você vai acertá-los da próxima vez! Pode ser útil imaginar que você está tocando no palco e que a banda não vai parar se você tocar uma nota errada. Você só tem que permanecer no tempo e fazer o melhor que puder!

Ao passar de alguns dias, adicione uma nova página de notação começando com as tonalidades que tenham dois sustenidos ou bemóis (D maior e Bb maior) e, então, aquelas que tenham três e quatro. É provável que você não passe por uma situação ao vivo onde tenha que ler uma página com mais do que quatro sustenidos ou bemóis na armadura de clave, por isso a leitura fluente até as tonalidades de E maior e Ab maior são um objetivo bastante adequado.

Lembre-se de aos poucos aumentar a velocidade do metrônomo. Muitas vezes digo aos meus alunos para fazerem isso antes que se sintam prontos. Seu cérebro é uma coisa incrível e pode lidar com informação complexa muito mais rapidamente do que você supõe. Mesmo que pareça "errado", tente aumentar a velocidade em alguns bpm. Você pode sempre reduzir a velocidade de novo, caso esteja muito rápido.

Lembre-se também que você pode criar novo material melódico a partir de cada uma das linhas das seguintes maneiras:

1) Leia para frente

2) Leia para trás

3) Vire a página de cabeça para baixo e leia para frente

4) Vire a página de cabeça para baixo e leia para trás

Após algumas semanas nos exemplos em tonalidades maiores, tente tocar alguns dos exemplos mais simples em tonalidade menor. Isso vai te deixar acostumado a tocar acidentes em notação. Siga em frente nos exemplos em tonalidade menor da mesma maneira que você fez com a tonalidade maior.

Se você estiver em dúvida sobre como esses exercícios devem soar, eles são todos fornecidos com as faixas de áudio para download gratuito em www.fundamental-changes.com/audio-downloads

Embora a seção da leitura de ritmo esteja separada da seção de reconhecimento de nota, elas podem e devem ser trabalhadas em conjunto. Pule para o capítulo três neste livro e veja a seção de leitura de ritmo. Encontre tempo para incorporar exercícios de leitura de ritmo em sua rotina de treino também.

Exercícios de Leitura Melódica

Um dos maiores desafios para novos leitores de música é a dúvida se eles estão tocando as notas corretamente. Por essa razão, eu incluí os exemplos a seguir como faixas de áudio para dar uma referência.

Para cada duas páginas, há uma faixa de áudio, por exemplo, as páginas 29 e 30 em C maior estão incluídas na faixa de áudio nº 1. Há um intervalo de um compasso entre cada exercício.

Para ajudá-lo a ficar no tempo, há pequenas viradas de bateria no fim de cada seção de quatro compassos.

Todos os exercícios são tocados em 60 bpm e podem parecer bastante rápido no início, isso é para te dar um objetivo, mas, por favor, diminua seu metrônomo até 40 bpm (ou até mesmo desligue-o por algumas semanas se você for completamente novato em leitura à primeira vista). Quanto antes você adicionar o metrônomo, no entanto, mais cedo começará a melhorar rapidamente.

Os exercícios estão disponíveis gratuitamente em **www.fundamental-changes.com/sightreadingpdf**, você pode imprimi-los e colocá-los em sua estante de partitura.

C Major

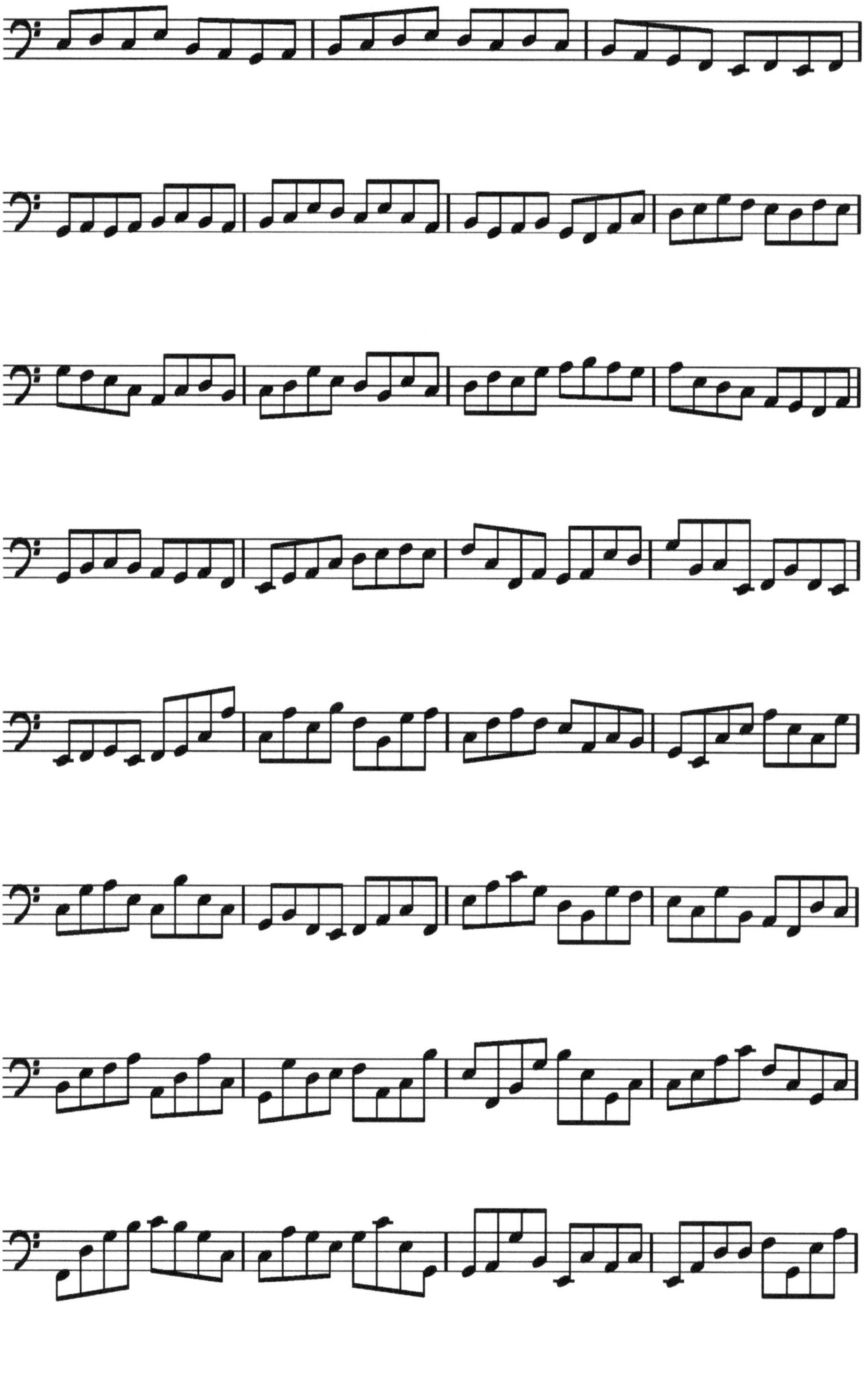

C MAJOR

G Major

31

D Major

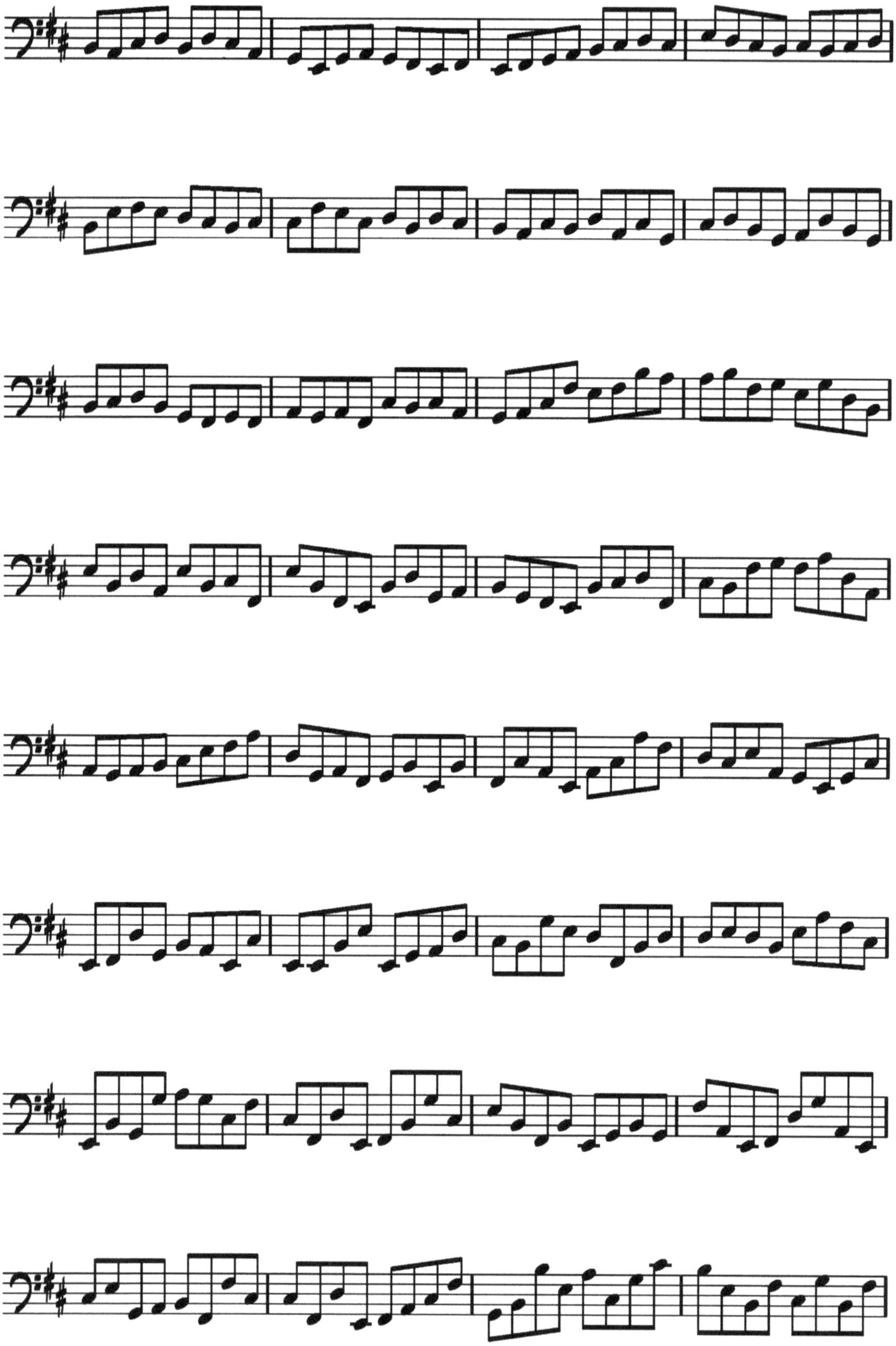

B Major

F# Major

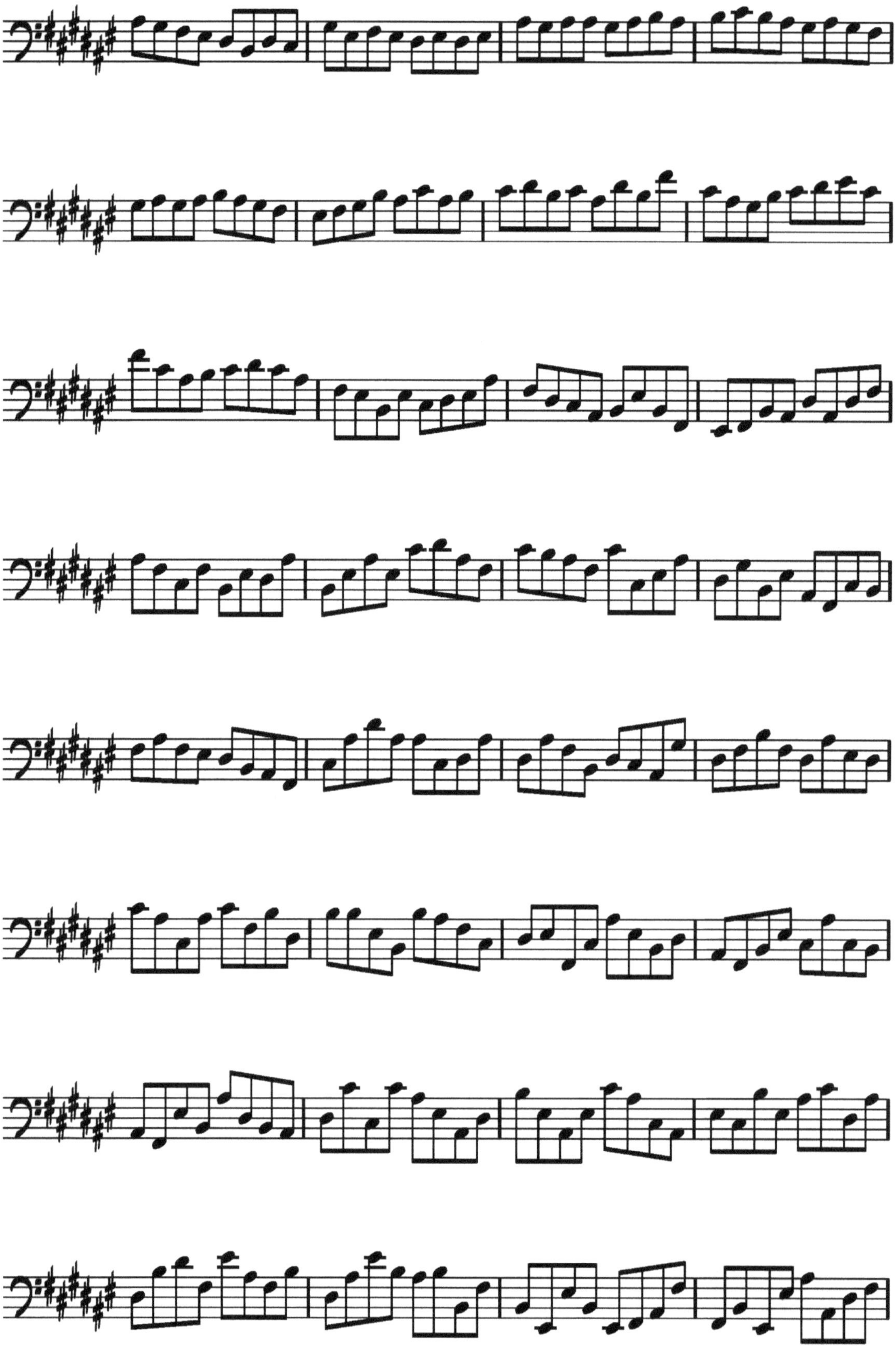

F# Major

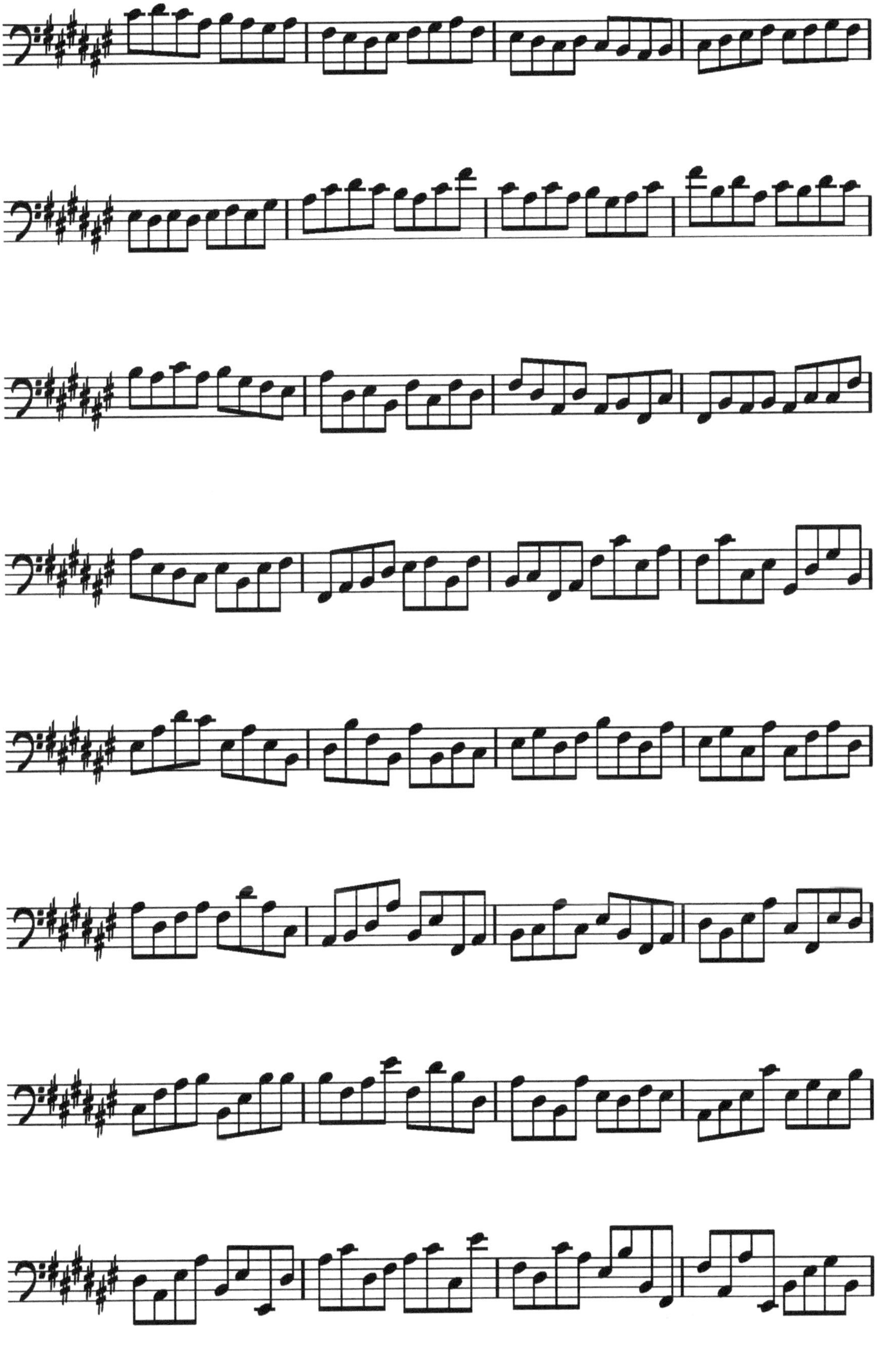

F MAJOR

F Major

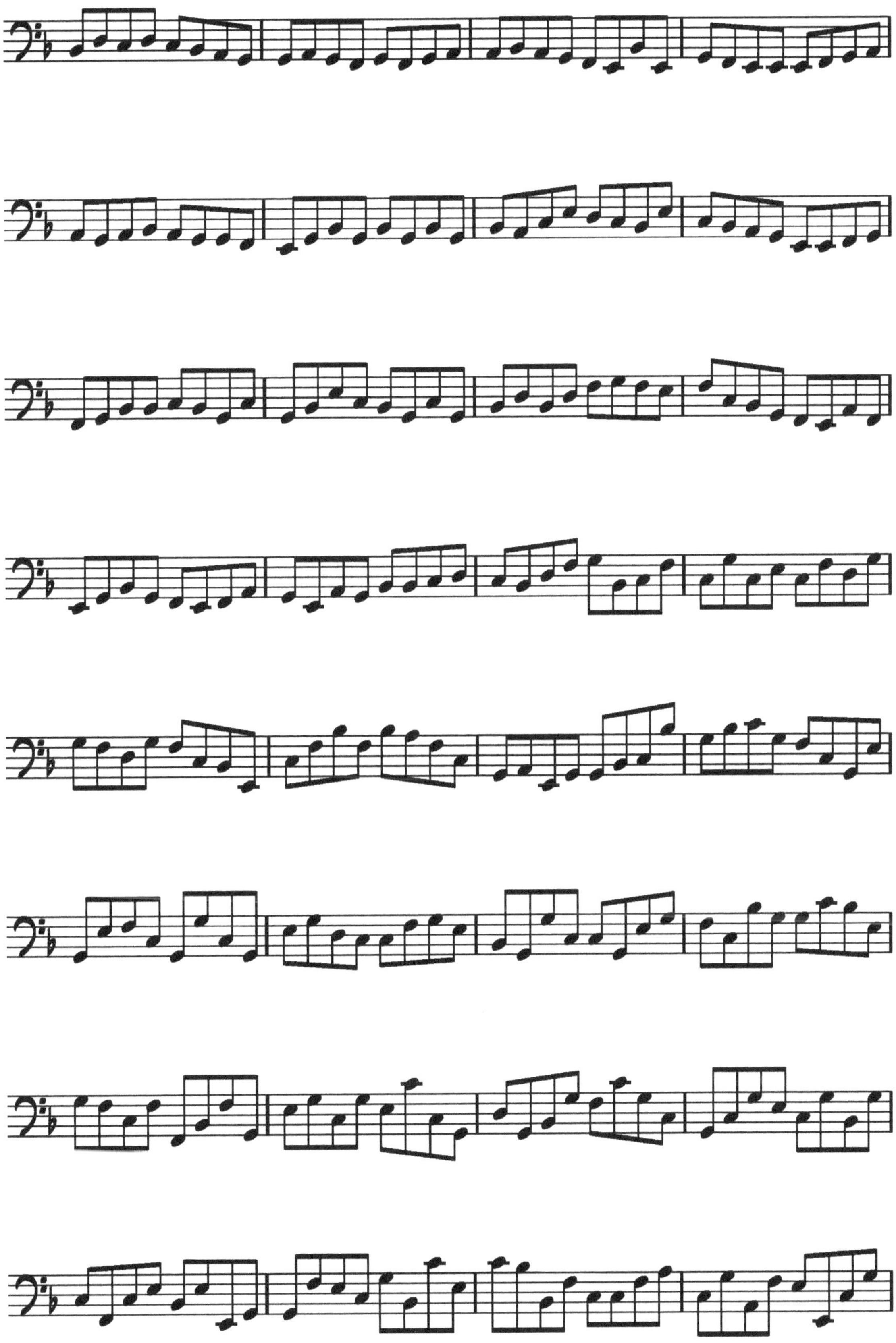

Bb Major

Eb Major

Ab Major

Ab MAJOR

Db Major

Db MAJOR

A MINOR

A MINOR

E Minor

E MINOR

B Minor

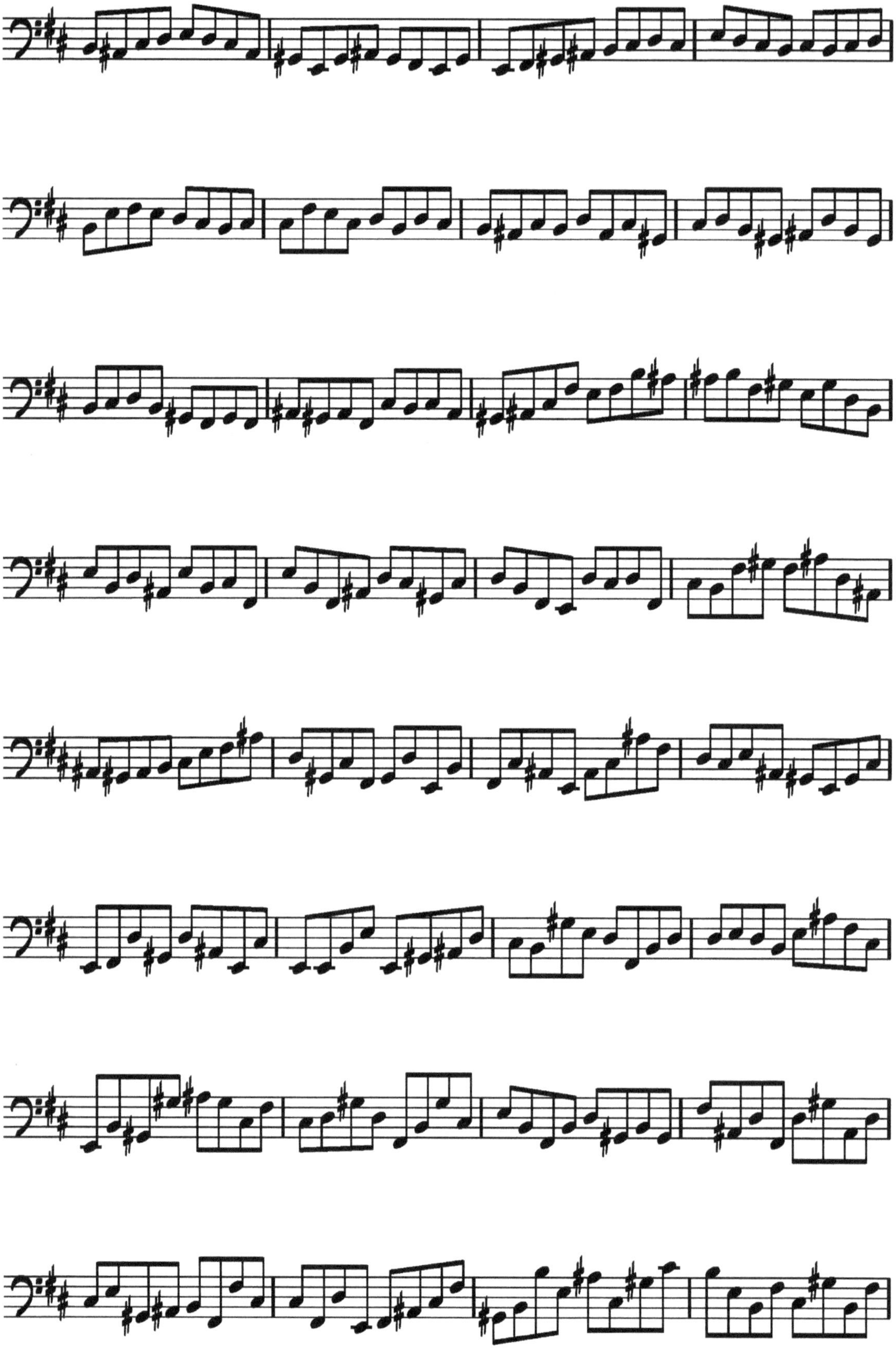

B Minor

F# Minor

58

F# MINOR

59

C# Minor

C# Minor

D Minor

G Minor

G Minor

65

C MINOR

F MINOR

F Minor

69

Bb Minor

Bb Minor

Capítulo Três: Leitura Rítmica

Esta importante parte do livro deve ser estudada juntamente com exercícios de altura e notação dos capítulos anteriores. Treinar essas habilidades simultaneamente irá ajudá-lo a avançar mais rapidamente.

Embora a altura das notas possa ser aprendida isoladamente e vista como um ponto fixo no tempo, a melodia está sempre se movendo para a frente. Por isso, é essencial compreender e reconhecer os ritmos mais comuns que podem ocorrer na música que tocamos.

A primeira coisa a perceber é que enquanto as permutações rítmicas são praticamente infinitas, há apenas um determinado número que serão úteis para os nossos propósitos como músicos modernos. Isso porque somente um certo número de ritmos forma melodias mais apropriadas para tocar e cantar.

Obviamente, se você quiser ler partituras de Frank Zappa, pode procurar materiais adicionais (confira o livro "The Frank Zappa Guitar Book" para uma amostra verdadeiramente virtuosística de notação musical!), mas nas páginas seguintes eu tentei destrinchar, discutir e ilustrar os ritmos que ocorrem mais comumente na música popular.

Na música escrita, o ritmo é dividido em compassos e tempos.

Os compassos podem ser vistos como caixas para os tempos. Cada tempo é nomeado de acordo com a forma como divide um compasso padrão de quatro batidas.

Por exemplo, uma semibreve preenche um compasso inteiro.

Uma mínima (1/2) preenche metade do compasso (cabem duas mínimas em um compasso).

Há quatro semínimas (1/4) em um compasso.

Há oito colcheias (1/8) em um compasso e dezesseis semicolcheias (1/16) em um compasso.

Essas notas são escritas da seguinte forma:

Embaixo de cada nota, eu mostrei o valor *de pausa* equivalente. Uma pausa dura a mesma quantidade de tempo que uma nota tocada, no entanto, indica que deve ser feito silêncio naquela quantidade de tempo.

No Reino Unido, há um sistema diferente para nomear a duração das notas:

"Whole note" = uma semibreve

"1/2 note" = uma mínima

"1/4 note" = uma semínima

"1/8 note" = uma colcheia

"1/16 note" = uma semicolcheia

Isso pode parecer estranho para boa parte do resto do mundo, mas nosso sistema tem uma grande vantagem em relação ao sistema internacional: os nomes de notas do sistema internacional são baseados na premissa de que há quatro tempos em cada compasso.

No entanto, a música nem sempre está escrita em 4/4 (quatro batidas por compasso); você pode ter tempos de 3/4, 6/8 ou até mesmo 17/16. Em *qualquer* tempo que não seja 4/4, não há quatro notas semínimas no compasso.

O sistema internacional, no entanto, funciona muito bem se ignorarmos esse fato bastante pedante. Ele é moderno, lógico, mais fácil de lembrar e não tem a necessidade de aprender palavras estranhas.

Para começar, bata palmas (ou toque uma nota abafada) no exercício a seguir. Defina seu metrônomo em 50 bpm e tente bater seu pé no tempo. Bater o pé é o *maior* segredo para uma leitura de ritmo precisa.

Exemplo em áudio 23:

Agrupamentos de notas

Colcheias e semicolcheias podem ser agrupadas em qualquer combinação, desde que não se exceda um total de quatro notas em semicolcheia por tempo. Elas podem ser agrupadas da seguinte maneira:

Exemplo em áudio 24:

Exemplo em áudio 25:

Exemplo em áudio 26:

Novamente, bata o pé com o metrônomo e aprenda a reconhecer e *sentir* os sons e *efeitos* desses ritmos.

Qualquer uma das notas nos exemplos acima podem ser substituídas por um valor de pausa correspondente.

Ritmos Ligados

É possível *unir* duas notas. Quando você vir uma nota ligada, você não toca a segunda nota no agrupamento. A primeira nota é também mantida pelo valor da segunda nota além da primeira.

Em música escrita, é uma convenção sempre deixar um espaço entre os tempos dois e três para facilitar a leitura. Por exemplo, você realmente não deveria ver isto (embora vá!):

O ritmo acima *deveria* realmente ser escrito assim:

O som dos dois exemplos anteriores é idêntico, no entanto, o segundo exemplo está escrito corretamente, já que ele usa uma ligadura para mostrar claramente onde está o meio do compasso.

Se nós pudermos mostrar o espaço entre uma batida e outra, então é normalmente mais fácil de ler. Eu preferiria ver isso:

Exemplo em áudio 27:

Em vez disso:

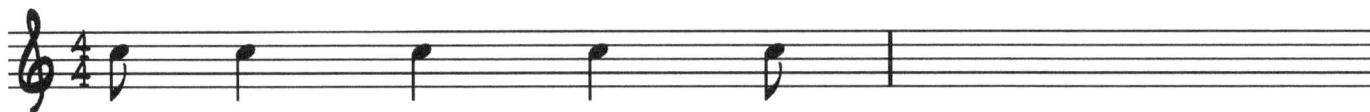

Porque, mais uma vez, as lacunas entre os tempos são mostradas. No entanto, isso é uma questão de preferência pessoal.

Tente bater palmas neste exemplo, que usa ligaduras de semicolcheias:

Exemplo em áudio 28:

Ritmos Pontuados

Muitas vezes, você verá um pequeno ponto escrito depois de uma nota. O ponto é uma instrução rítmica para *adicionar metade do valor da nota novamente.*

Por exemplo, se temos uma nota que dura por 2 tempos, e adicionamos metade do valor original da nota (metade de 2 = 1), acabamos com uma nota que dura três tempos.

DOTTED 1/2 NOTE: 2 + 1 = 3 BEATS

DOTTED 1/4 NOTE: 1 + 1/2 = 1 1/2 BEATS

DOTTED 1/8TH NOTE: 1/8TH + 1/16TH = 3/16TH NOTES

Em cada um dos exemplos acima, você pode ver como adicionar um ponto a um valor de nota afeta a sua duração. No segundo compasso de cada linha, você pode ver como adicionar um ponto é matematicamente igual a ligar a nota original à metade de sua duração.

Normalmente, a nota após a nota pontilhada fará a nota pontilhada somar um número inteiro de tempos. Por exemplo:

Exemplo em áudio 29:

1 AND 1/2 BEATS FOLLOWED BY A 1/2 BEAT = 2 FULL BEATS

Exemplo em áudio 30:

THREE 1/16TH NOTES FOLLOWED BY 1 1/16TH NOTE = 1 BEAT

Tercina

Uma tercina é simplesmente um grupo de três notas tocadas uniformemente no tempo de duas notas. Elas são escritas em um grupo com o número "3" acima.

Quando estiver aprendendo tercinas em colcheias, pode ajudar dizer "três-pra-lá, três-pra-cá" em voz alta no tempo com o metrônomo. Lembre-se de fazer cada "três" coincidir com o clique do metrônomo.

THREE 1/8TH NOTES IN THE TIME IT TAKES TO PLAY TWO 1/8TH NOTES

THREE 1/4 NOTES IN THE TIME IT TAKES TO PLAY TWO 1/4 NOTES

Em cada exemplo, a linha superior mostra a tercina, a linha inferior existe apenas para referência e mostra onde fica o valor original da nota.

Tente bater palmas através deste exemplo. Lembre-se de usar um metrônomo e bater seu pé.

Exemplo em áudio 31:

Qualquer uma das duas tercinas adjacentes podem ser agrupadas em uma única semínima. Por exemplo, esse ritmo forma um "swing" básico: Exemplo em áudio 32:

As tercinas também podem ser ligadas, como você aprendeu na seção anterior. Exemplo em áudio 33:

Cada divisão em colcheia da tercina também pode ser tocada como duas semicolcheias.

Quando subdividimos tercinas em colcheias como tercinas em semicolcheias, devemos sempre senti-las como três grupos de dois.

Tercinas em semicolcheias

As tercinas em semicolcheias acontecem, tecnicamente, quando seis semicolcheias são comprimidas no tempo de quatro semicolcheias.

Em geral, é mais fácil pensar em seis semicolcheias no tempo de uma semínima. Exemplo em áudio 34:

Você pode se perguntar qual a diferença entre três tercinas em colcheias divididas em semicolcheias e seis tercinas em semicolcheias, como está escrito acima. A diferença é o fraseado.

As tercinas em colcheias divididas em semicolcheias são escritas como três grupos de dois (conte "1 & 2 & 3 &").

As tercinas em semicolcheias são escritas como grupos de três (conte "1 & a 2 & a").

Exemplo em áudio 35:

Se você está lutando para entrar no ritmo das tercinas em semicolcheias, tente dizer "diga-me, siga-me" no tempo com um clique de metrônomo lento.

Assim como as tercinas em colcheias, perceba que as divisões dentro de um grupo de tercinas em semicolcheias podem ser combinadas. Veja a seguir alguns exemplos:

Exemplos de áudio 36 e 37:

Ritmos com tercinas em semicolcheias podem ser ligados ou pontuados dentro das tercinas também.

Os exemplos de leitura nas páginas seguintes são organizados por divisão de notas e cada etapa parte de ritmos simples para complexos, acompanhando seu progresso.

Os ritmos são escritos em uma única linha de notação para facilitar a leitura e para economizar espaço. Todos os ritmos são escritos em 4/4.

Leia as páginas a seguir como você fez nos exemplos melódicos nos capítulos anteriores.

Sempre use um metrônomo e tente manter seu pé batendo no tempo com o metrônomo.

Comece com o metrônomo em cerca de 50 bpm e também bata palma no ritmo ou toque uma nota abafada em seu instrumento para completar cada página.

Quando você estiver confiante tocando os ritmos em apenas uma nota, tente subir e descer uma escala que você conheça bem, executando com precisão os ritmos em cada página.

Quando isso se tornar fácil, tente improvisar uma melodia com escalas, continuando a tocar no ritmo.

Finalmente, escreva *um* compasso de ritmo que você venha praticando, por exemplo:

Aplique esse ritmo exclusivamente a uma das páginas de exemplos melódicos que você treinou no capítulo dois. Mantenha o ritmo por toda a página. Garanta que o ritmo esteja escrito claramente e visível enquanto você estiver treinando porque isso vai ajudá-lo a associar o ritmo escrito com a forma como soa.

Você não precisa de seu instrumento em suas mãos para praticar os próximos ritmos, então eles são ótimos para batucar (em silêncio!) enquanto estiver no ônibus ou trem.

Assim como com qualquer faceta do reconhecimento de pauta, você deve buscar a identificação instantânea e a aplicação da música escrita. Mesmo que você esteja aprendendo ritmo e reconhecimento de notas como habilidades distintas, elas rapidamente vão se combinar em sua mente. Você pode ouvir todos os exercícios nas páginas a seguir, tocados em um exemplo de áudio.

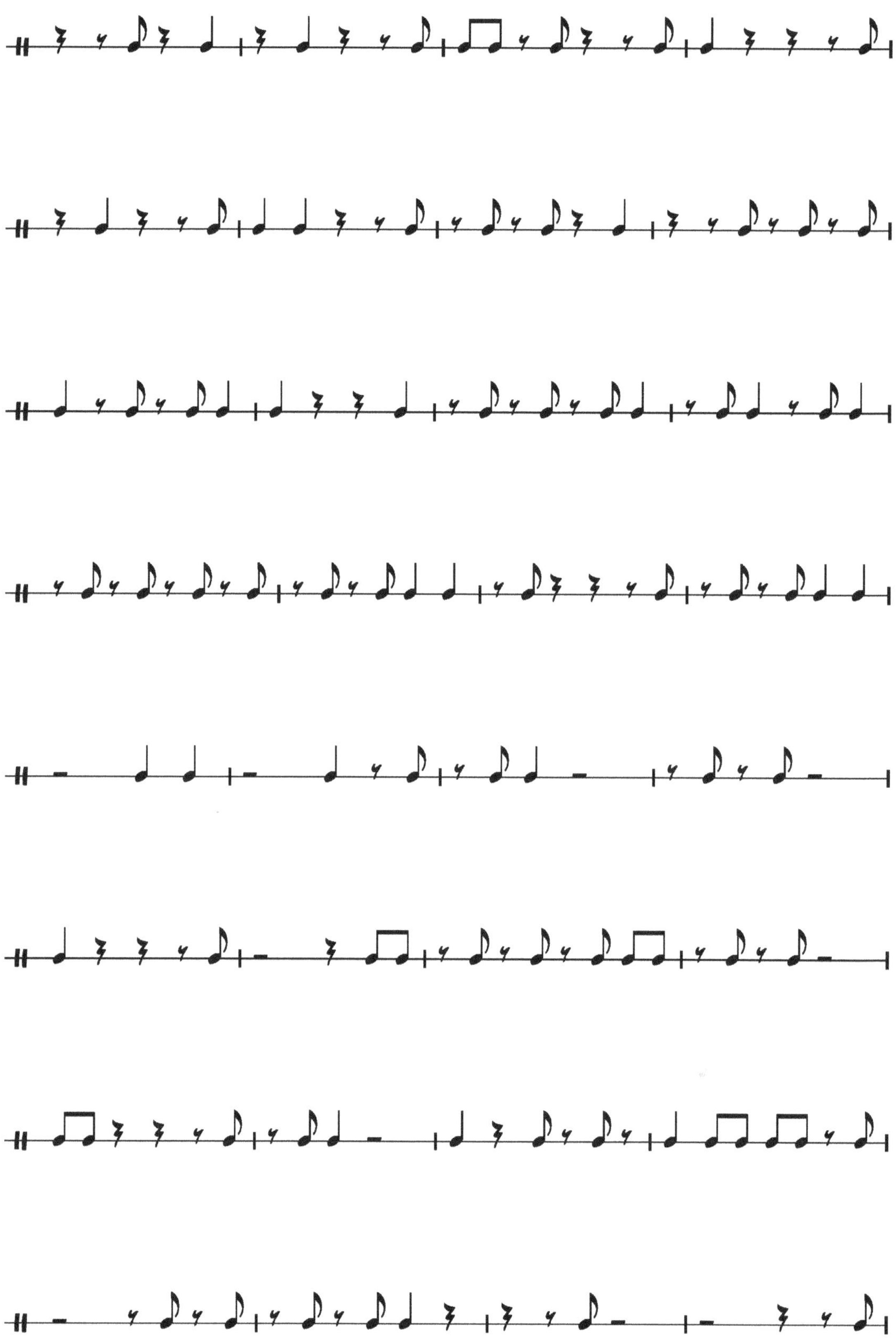

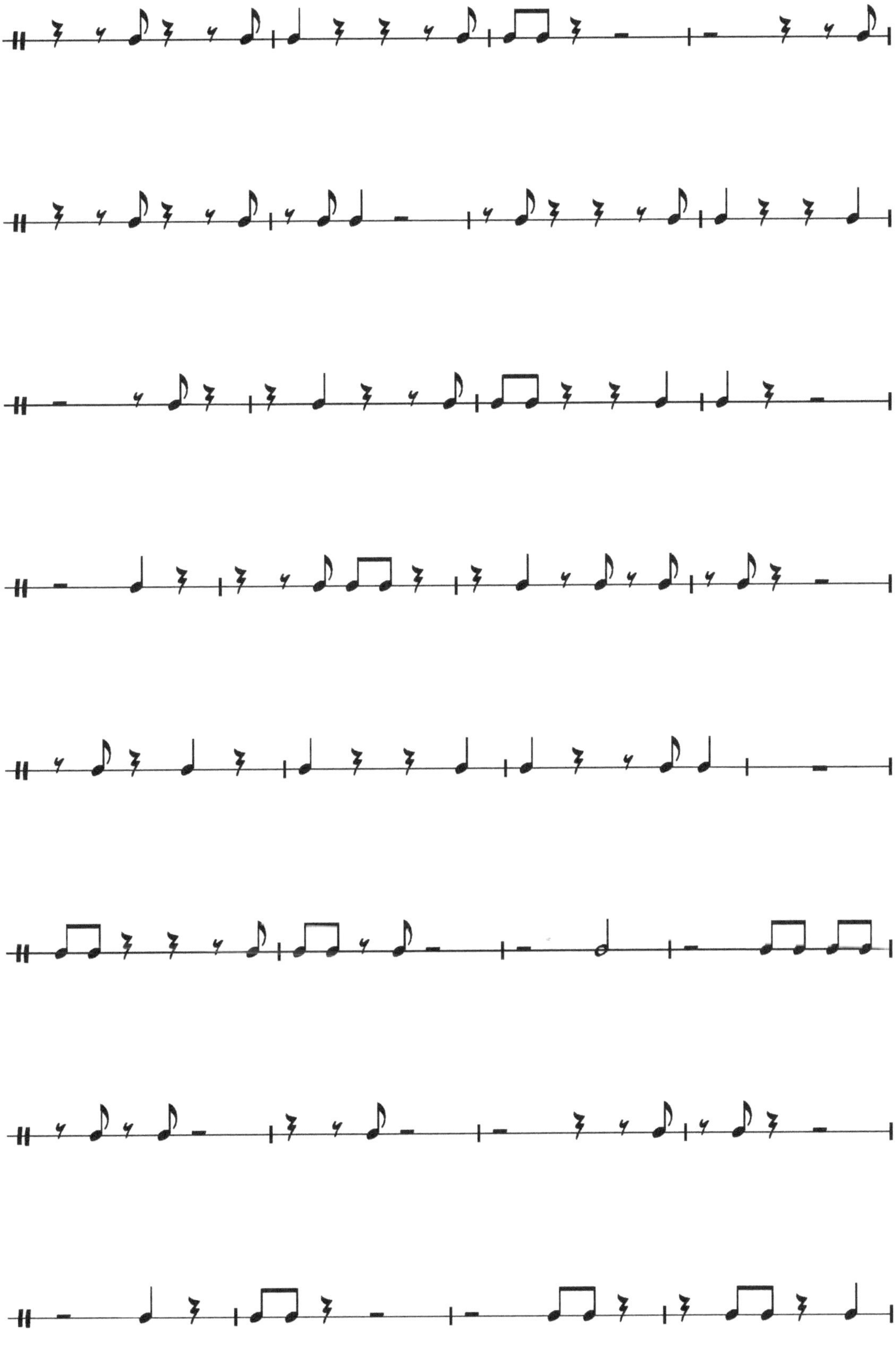

84

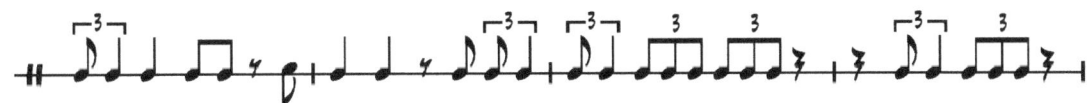

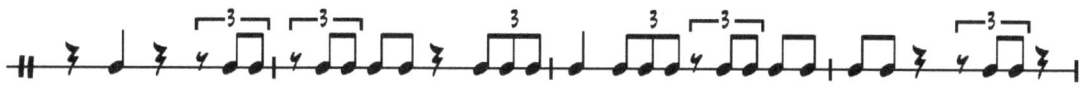

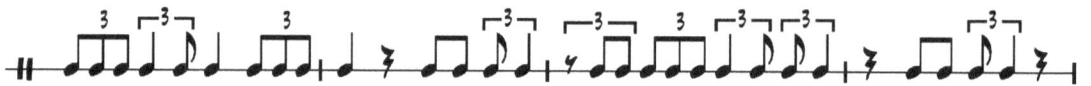

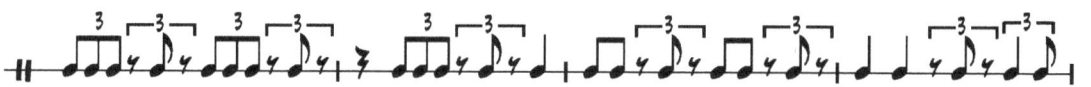

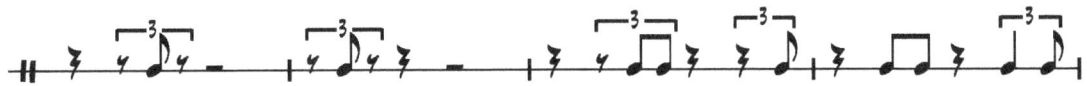

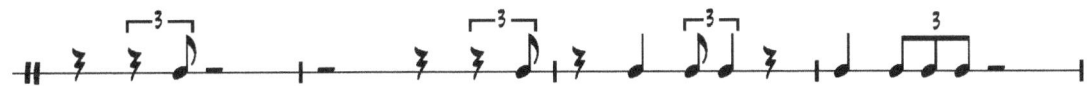

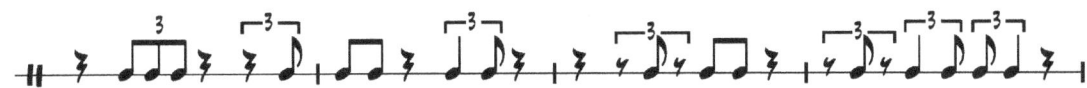

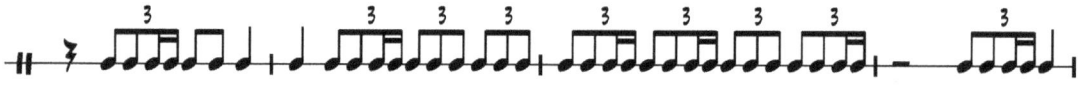

1/16TH NOTES

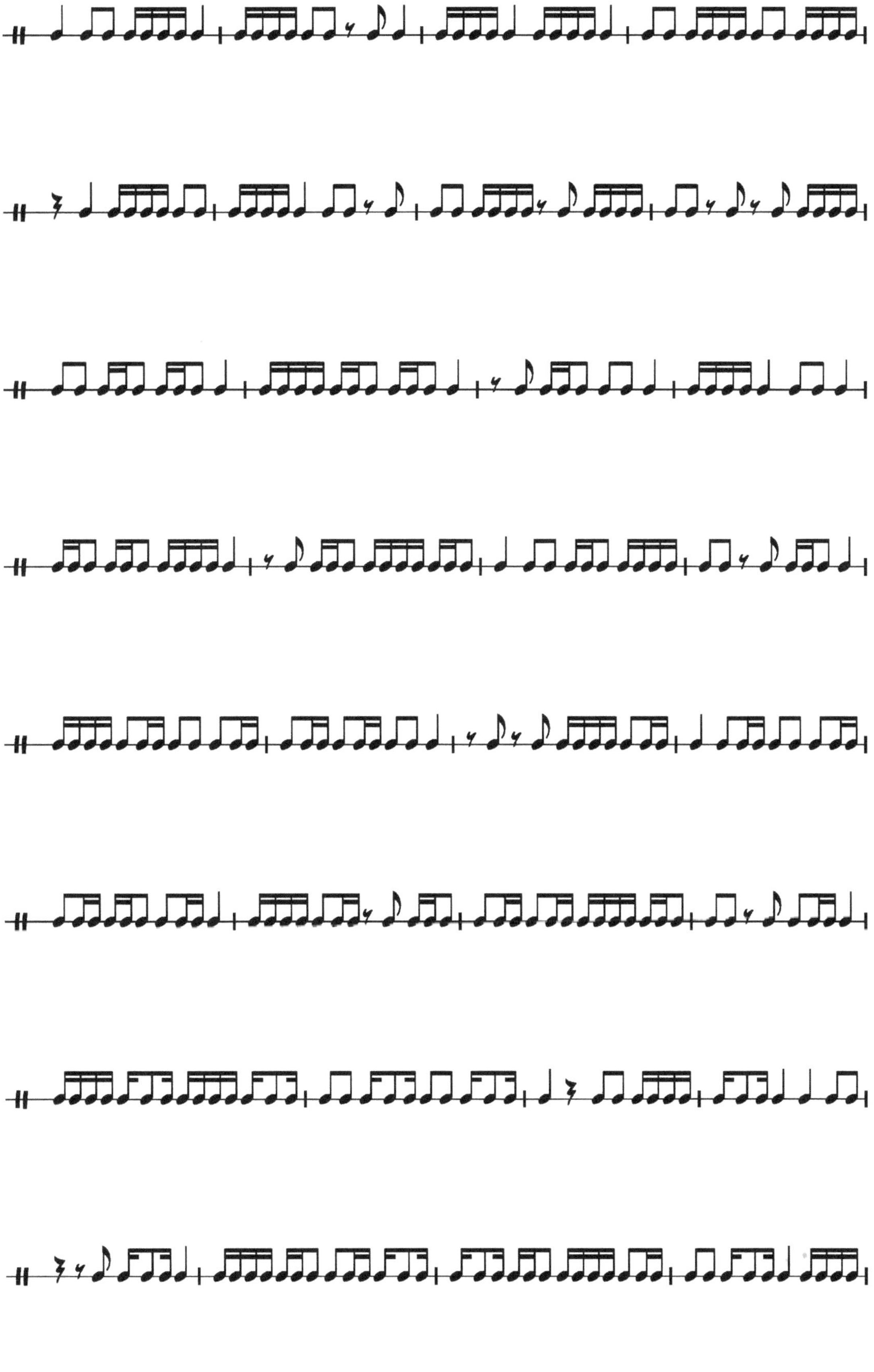

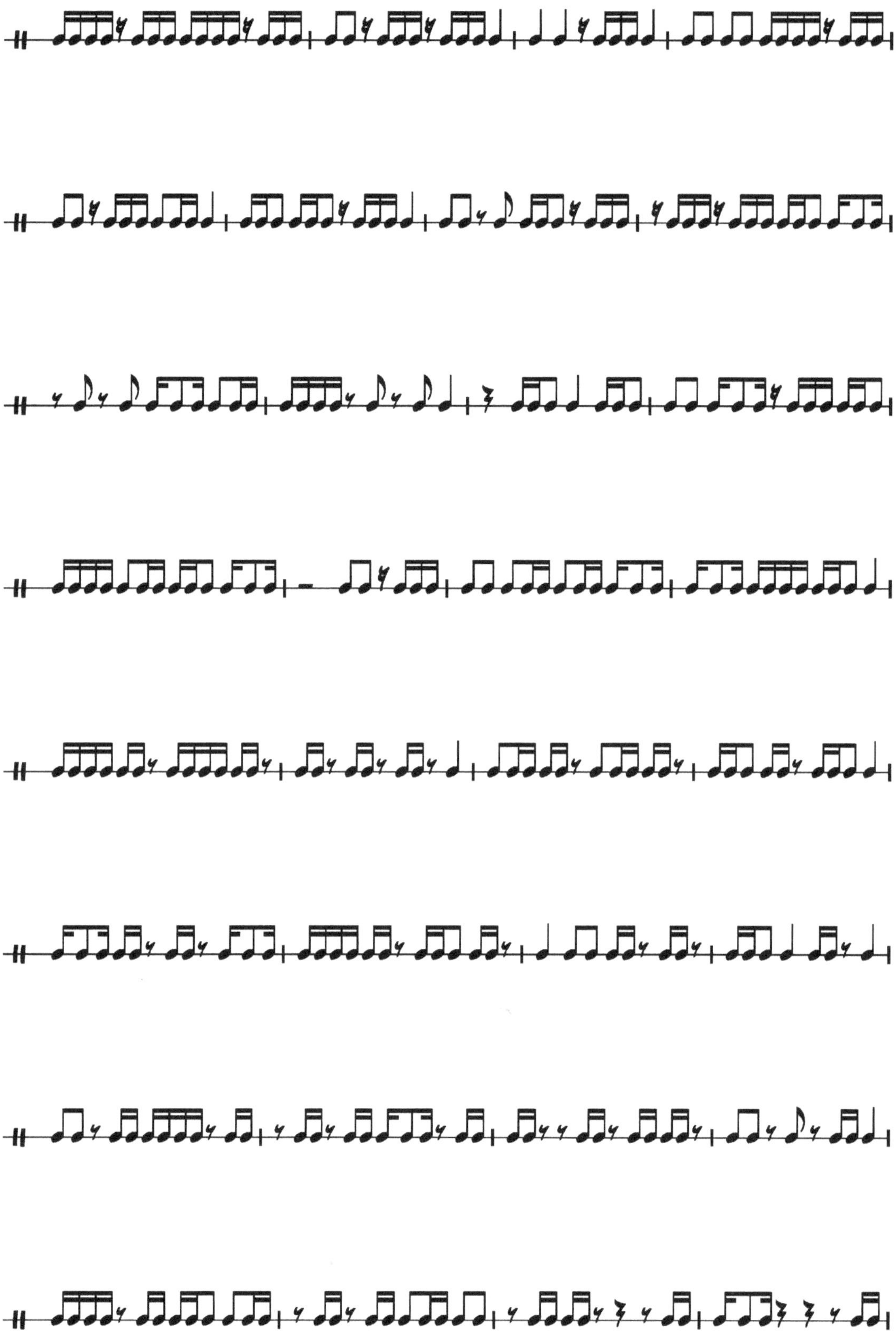

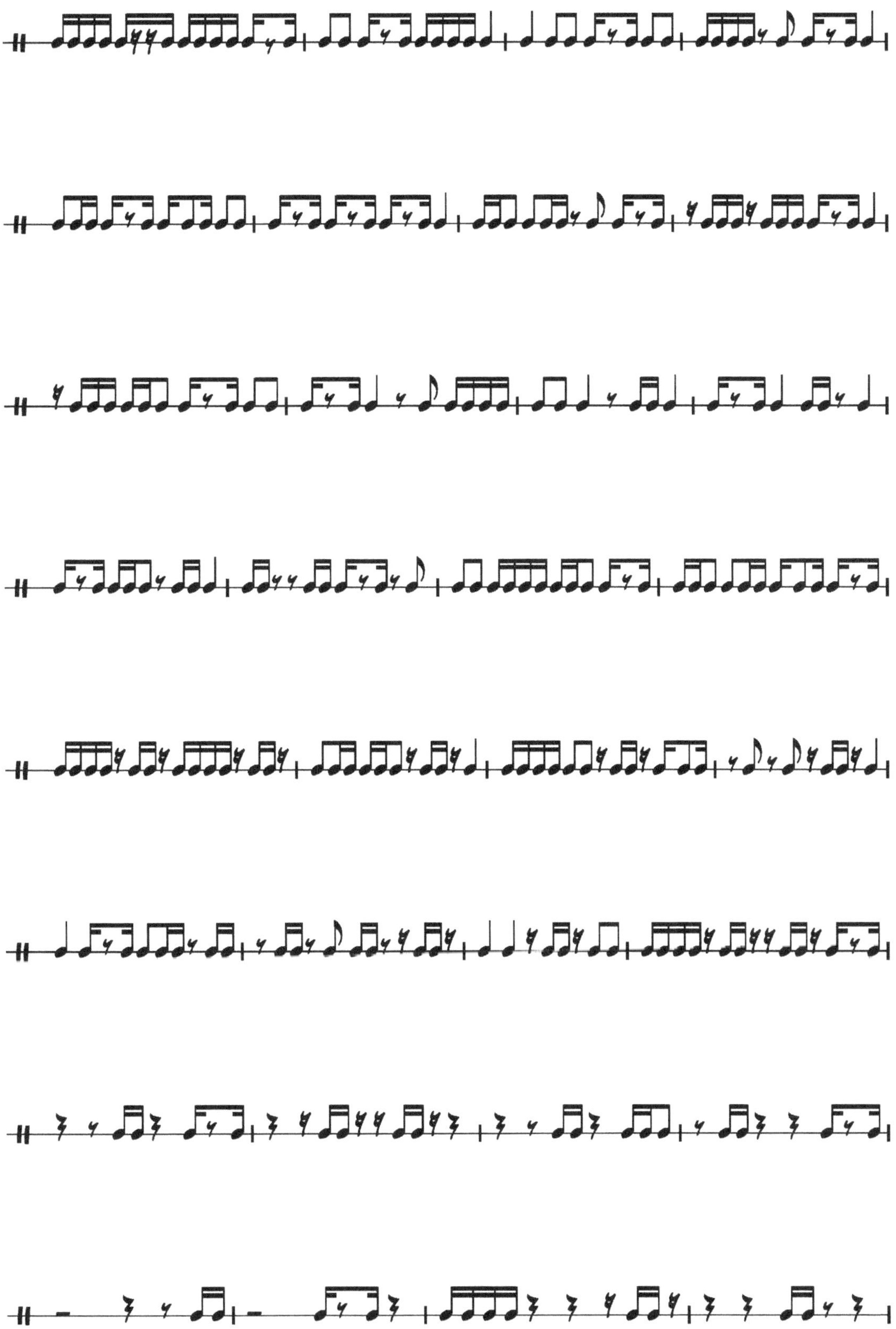

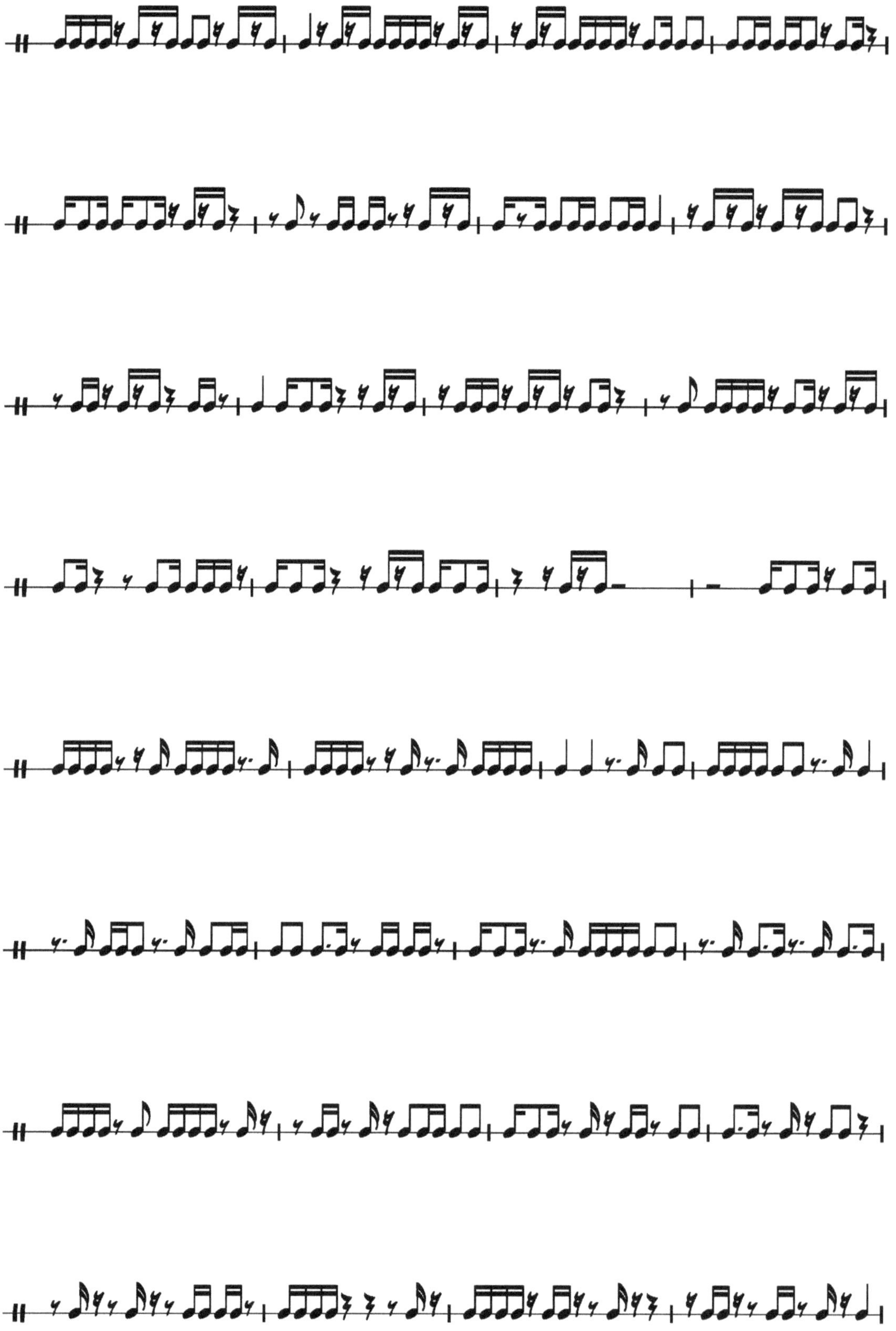

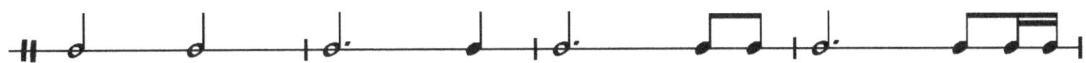

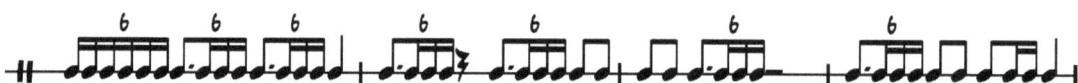

Capítulo Quatro: Fórmulas de compasso

Nem todas as músicas são escritas em 4/4. Outras fórmulas de compasso têm ritmos muito diferentes, não só porque elas têm um número diferente de batidas no compasso, mas também porque a fórmula de compasso pode implicar que cada tempo é dividido de forma diferente.

Se você se lembrar da página 76, discutimos a diferença entre as tercinas em colcheia e semicolcheia.

As tercinas em colcheias divididas em semicolcheias são fraseadas como três grupos de dois (conte "1&2&3&").

As tercinas em semicolcheias são escritas como grupos de três (conte "1&a2&a").

Esse agrupamento faz uma diferença enorme na forma como a música soa.

Sem ouvir exemplos de diferentes fórmulas de compasso, é difícil expressar o quanto elas alteram o som da música, por isso, enquanto discutimos cada compasso, darei exemplos musicais específicos para ajudá-lo a ouvir o efeito de cada um.

As fórmulas de compasso mais usuais que você encontrará são 3/4, 4/4, 6/8 e 12/8.

O número superior em uma fórmula de compasso nos diz quantos tempos há em um compasso, mas o número de baixo diz não somente qual a *divisão* de tempo (semínimas, colcheias ou semicolcheias) a que o número superior se refere, mas também *como os tempos são subdivididos*.

Todos os exemplos nesse livro foram escritos em 4/4 até agora. Vamos dar uma olhada no 4/4.

Como você já aprendeu, o 4/4 indica que há quatro semínimas em cada compasso.

O que não é imediatamente óbvio é a implicação de como cada tempo no compasso deve ser dividido.

Se uma fórmula de compasso tiver um número 4 na parte inferior, cada tempo é normalmente subdividido em grupos iguais.

Por exemplo:

No exemplo anterior em 4/4, você pode ver que há quatro semínimas em cada compasso e *também* que cada tempo é dividido em números de subdivisões iguais, ou seja, dois e quatro. Você pode contar "um e dois e três e quatro e" em qualquer compasso 4/4.

Se desejamos tocar qualquer outro número de ritmos uniformemente divididos em cada tempo (3 ou 6), devemos usar uma quiáltera (tercina ou sextina) etc.

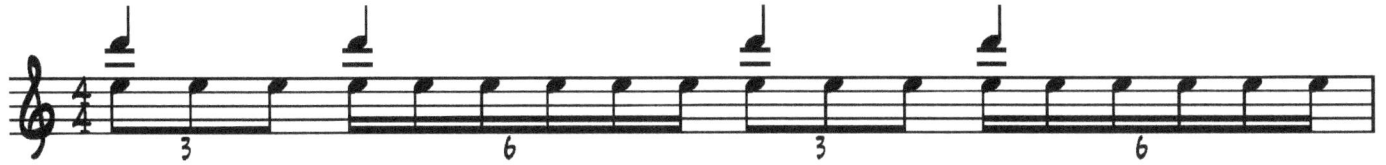

Finalmente, uma fórmula de compasso pode mostrar também quantos tempos podem ser *acentuados*.

Acentos não são de nenhuma maneira definitivos, mas quando se toca em 4/4, a convenção musical é *normalmente* que em tempos de música clássica, um e três são acentuados ligeiramente, mas na música pop e rock, os tempos dois e quatro são acentuados ligeiramente.

Um exemplo clássico de tempos um e três acentuados em 4/4: **Primavera de Vivaldi Quatro Estações**

Um exemplo contemporâneo de tempos dois e quatro acentuados em 4/4: **Cliffs of Dover de Eric Johnson** (e praticamente todo rock, jazz e música pop).

3/4

O compasso de 3/4 nos diz que existem três semínimas em cada compasso, e cada tempo está subdividido em divisões iguais de dois como no 4/4. Você pode contar "um e dois e três e" em qualquer compasso 3/4.

Se quisermos tocar outro número regular de notas em cada tempo (3 ou 6 etc.), novamente devemos usar uma quiáltera.

Acentos em 3/4 tendem a ser bastante variáveis. Na música clássica, pode haver um grande acento no tempo um, mas acentuar apenas os tempos dois e três também é comum para criar um efeito de "oom pa pa". O 3/4 é muitas vezes referido como "Tempo de Valsa", já que 99% das valsas são escritas em 3/4.

O exemplo clássico de tempo em 3/4 é **A Valsa Danúbio Azul de Johann Strauss II**. Esse é um grande exemplo de como você pode ouvir como os acentos mudam durante a música.

O exemplo contemporâneo de tempo 3/4 é **Maniac Depression de Jimi Hendrix** (é ligeiramente suíngado, mas o ritmo de 3/4 é fácil de ouvir).

Após uma rápida pesquisa no Google para encontrar outros exemplos de tempo 3/4 na música moderna, foi um pouco preocupante (e um pouco deprimente) encontrar listas de "valsas modernas" e playlists do YouTube de 3/4 que não tinham nada além de músicas que estão em 4/4 tocadas com tercinas ou simplesmente escritas em 6/8.

Se uma música está em 3/4, você pode contar "um e dois e três e" facilmente em cada compasso. Se você estiver contando em grupos de três "123 123 123 123" etc., a música está *ou* em 6/8, 12/8 ou 4/4 com cada tempo dividido em tercinas.

Para esclarecer isso, vamos explorar a fórmula de compasso de 6/8.

6/8

Quando uma fórmula de compasso tiver um "8" embaixo, a subdivisão usual é em colcheias. No entanto, é muito importante saber como essas notas em colcheias estão agrupadas. Se houver um múltiplo de três no número superior e o número abaixo for um 8, então as *colcheias são agrupadas em grupos de três.*

Se as colcheias forem agrupadas uniformes, o 6/8 seria igual ao 3/4. No entanto, nem sempre é assim.

O 6/8 indica que existem seis colcheias em cada compasso e essas divisões em colcheias são agrupadas em conjuntos de três.

Aqui está um compasso de 6/8:

A linha do meio mostra as seis colcheias agrupadas em três. Por causa disso, *há dois acentos principais em cada compasso,* como na linha superior. Cada acento agora é uma semínima *pontuada* (três colcheias).

Em 6/8, existem dois acentos principais em cada compasso e cada acento é dividido em três subdivisões.

Isso provavelmente ressalta a diferença entre 3/4 e 6/8: em 3/4 há três acentos, divididos em dois; em 6/8 há dois acentos, divididos em três.

O 6/8 tem uma sensação saltitante, é a fórmula de compasso da maioria dos jigs irlandeses e de muitas cantigas infantis.

Há muitos exemplos clássicos de tempo em 6/8, mas um que eu particularmente gosto é de Chopin Ballade No 2.

Um exemplo muito claro e mais moderno de tempo em 6/8 é a música do Queen "We are the Champions".

Confira também **"When a Man Loves a Woman"** de Percy Sledge.

Curiosamente, eu tive que ouvir com atenção "When a Man Loves a Woman", antes de decidir incluí-la nesta seção.

Em muitas músicas de 6/8, às vezes pode ser ambíguo se a música está escrita em 6/8 ou 12/8. Minha sensação é que "When a Man Loves a Woman" está escrita em 6/8 devido ao fato de que o acorde muda a cada dois tempos (um compasso de 6/8), no entanto, ela facilmente poderia ser escrita em 12/8 com dois acordes por compasso.

Vamos explorar como esta ambiguidade pode surgir, examinando a fórmula de compasso de 12/8.

12/8

O compasso de 12/8 implica que há quatro tempos principais no compasso e cada tempo é dividido em três colcheias, da seguinte maneira:

Um compasso de 12/8 é teoricamente idêntico à dois compassos de 6/8. Em outras palavras, pode ser difícil distinguir entre os dois exemplos, a seguir, só ao ouvir:

A diferença entre esses exemplos é normalmente mais óbvia em rock e música pop devido aos diferentes acentos na batida da bateria.

Estes dois ritmos de bateria – um em 12/8 e outro em 4/4 – vão soar muito semelhantes, se não idênticos:

Este é um livro sobre leitura de notação, por isso reconhecer as diferenças entre as armaduras de clave e saber como tocá-las é importante. No exemplo anterior, eu sei que eu iria preferir ler a linha de cima porque parece muito mais simples no papel.

Há algumas diferenças rítmicas muito sutis entre tocar em 6/8 e 12/8, mas elas na maioria das vezes se resumem a percepções diferentes de músicos sobre onde os acentos devem estar em um compasso. Além disso, o comprimento da frase da melodia pode às vezes nos dar uma pista.

Por enquanto, mantenha-se focado nas habilidades fundamentais de reconhecimento de nota, localização no seu instrumento e ritmo de leitura.

Conclusões e Estudos Adicionais

Esse livro cobriu a vasta maioria das habilidades que você necessita para se transformar num leitor de música excelente. No entanto, essa é uma longa jornada e você sempre terá que abrir espaço em sua rotina de treino para se tornar verdadeiramente proficiente.

O material neste livro é projetado para durar por anos. Não esqueça os truques de ler uma linha para trás e virar a página de cabeça para baixo para criar material novo para si mesmo. Se você realmente ficar sem ideias, tente ler uma página como se estivesse em uma tonalidade diferente. Por exemplo, escolha uma página em D maior e finja que está no Bb.

A chave para aprender a ler música instantaneamente é praticar consistentemente e não ter medo de aumentar a velocidade do metrônomo ligeiramente.

A verdade é que os melhores leitores de música não estão realmente *lendo* mais. Eles simplesmente praticaram tanto e têm tanta experiência que já viram tudo alguma vez. Essa é a maneira que você lê palavras agora, depois de ter praticado a vida toda.

Quando você vê uma palavra nova ou complexa em um livro, você já dominou o processo mental de separá-la em sílabas reconhecíveis e reconectá-las para que faça sentido quase instantaneamente. Esse pode ser o caso quando estamos lendo música; 99% da música pode ser perfeitamente legível, mas pode haver uma frase que nos preocupa.

Naqueles minutos que você inevitavelmente tem antes de tocar a música pela primeira vez, procure na partitura por essas frases e passe o tempo que tiver para descobrir primeiro o ritmo e, em seguida, as notas e localizações no seu instrumento.

Se você chegou ao nível onde inconscientemente sabe as notas no baixo e tem o reconhecimento imediato das notas na pauta, quase posso garantir que será um ritmo incomum que irá te pegar.

As notas escritas e os locais das nota no baixo são finitos, mas existem possibilidades praticamente ilimitadas de ritmos. Felizmente, a maioria das músicas é formada por grupos similares de ritmos, e esse livro deve ter coberto a maioria dos casos.

Encontrando Material Novo para Leitura

Uma das vantagens da abordagem de "notas aleatórias" para os exercícios de altura de notas no início desse livro é que eles são extremamente difíceis de memorizar. Um problema com muitos livros "tradicionais" é que, depois de ter lido algumas vezes um exemplo musical, ele tenderá a entrar na sua cabeça e você vai começar a tocar de ouvido.

Isso significa que você não está realmente lendo mais e reduz a eficácia e duração dos livros.

Se você está simplesmente à procura de novo material para ler, e não está muito preocupado com o estilo da música, eu recomendo a leitura de partituras de violino e flauta para praticar. Muitas músicas clássicas foram escritas para esses instrumentos nos últimos séculos e essa é a fonte mais fácil e sem custos, disponível na internet.

Um recurso fantástico é o **http://www.freegigmusic.com/** onde existem centenas de peças clássicas comuns (e não tão comuns), disponíveis gratuitamente. Você pode pesquisar por instrumento ou mesmo extrair as partes de um conjunto.

Há muitos sites que oferecem PDFs sem direitos autorais de música clássica, então passe algum tempo pesquisando e você sempre vai conseguir localizar coisas boas.

Outros textos populares com os quais tenho treinado, são:

"Reading Contemporary Electric Bass: Guitar Technique", de Rich Appleman.

"Modern Reading Text in 4/4 For All Instruments", de Louis Bellson.

"Odd Time Reading Text For All Instruments", de Louis Bellson.

Esses são excelentes recursos, porém todos geralmente dão o mesmo conselho que vou repetir aqui.

1) Pratique em períodos curtos.

2) Use um metrônomo.

3) Não pare de tocar! Imprecisão de ritmo é normalmente mais perceptível do que a imprecisão melódica.

4) Divirta-se!

Boa sorte com seus estudos de leitura. Espero que esse livro ajude você a alcançar rapidamente seus objetivos de leitura.

Joseph

Para Mais de 350 Aulas de Guitarra Com Vídeos Grátis, Acesse:

www.fundamental-changes.com

FB: **FundamentalChangesInGuitar**

Instagram: **FundamentalChanges**

www.ingramcontent.com/pod-product-compliance
Lightning Source LLC
Chambersburg PA
CBHW081430090426
42740CB00017B/3252